IMPOSIBLE HASTA QUE SE HACE

ALFONSO AGUIRRE

Copyright © 2019 por Alfonso Aguirre

Reservados todos los derechos. No se permite la reproducción total o parcial de esta obra, ni su incorporación a un sistema informático, ni su transmisión en cualquier forma o por cualquier medio (electrónico, mecánico, fotocopia, grabación u otros) sin autorización previa y por escrito de los titulares del copyright. La infracción de dichos derechos puede constituir un delito contra la propiedad intelectual.

Para información sobre descuentos especiales para pedidos a granel, por favor contactáctenos en el correo libros@alfonsoaguirre.com

Sitio web del autor
www.alfonsoaguirre.com

ISBN

9781791343873

ASIN

B07L4ZNCTD

3ª edición, octubre de 2019

¡Hola mamá! ¡Hola papá! Les dedico este libro.

También se lo dedico a todas las personas decididas a hacer de este mundo un lugar mejor.

Contenidos

Nota del Autor   11

Nuevos Comienzos
Próximo presidente   19
Cambio de planes   45

Parte De Un Mundo
La magia de la sirena   73
Cruzando el río Han   99

Responsabilidad
En donde quisiéramos vivir   127
Se aceptan devoluciones   155

Hacer Que Sucedan Las Cosas
Ideas en espera   181
Lo que importa   207
Fuera de la caja   237

Resiliencia
Nuestro lugar   257
Nadie más que tú   281

Agradecimientos   *301*

"Siempre, todo parece imposible,
hasta que se hace".

-

Nelson Mandela

Nota del Autor

Este libro soy yo y las cosas que han estado en mi cabeza durante años. Y es sobre todo lo que pasó durante el tiempo que fui un estudiante universitario.

Desde el principio, sentía que había muchas cosas por hacer. Y que nadie más estaba haciendo. No pude solamente dedicarme a poner atención en las clases, hacer tarea y estudiar para mis exámenes. Me hubiera vuelto loco. En lugar de eso, me involucré en todo lo que pude.

El día que empecé a escribir este libro, busqué una libreta que ha estado conmigo por más de seis años. Es de color negro y tiene las hojas de color crema. No es para anotar cualquier cosa, si no ya se hubiera llenado desde hace mucho tiempo. Es solo para cosas especiales. La primera hoja la usé cuando estaba en el primer semestre de mi carrera, para escribir el discurso que les daría a los otros estudiantes de diferentes carreras que había reunido para formar un nuevo grupo de jóvenes listos para cambiar y hacer que sucedieran las cosas en las que creíamos.

Ese grupo estudiantil era lo más importante que había hecho en mi vida hasta ese momento. Creía y estaba 100% seguro de que alguien de diecinueve años podía cambiar el mundo. Y lo sigo estando.

Aunque hay que ser realistas. Lograr un cambio es difícil. En la escuela, en el gobierno y hasta en las empresas. Pero luchar por algo en lo que crees, siempre va a valer la pena. Y todas las cosas increíbles que han pasado en el mundo y en nuestras propias vidas, primero, han parecido imposibles. Hasta que se hicieron.

Este libro está lleno de esas historias, mías y de las de personas a las que admiro.

También es de todas las cosas que nunca me imaginé que pasarían. Como inscribirme a última hora a un verano internacional que cambiaría mi vida para siempre, y en donde conocería mujeres y hombres que me darían una perspectiva nueva y diferente de todo lo que una persona puede hacer para cambiar el mundo.

No me olvidé de los días difíciles. Como cuando decidí cambiarme de carrera cinco semestres después, mientras entraba a mi primer trabajo de tiempo completo. Y también trato de explicar cómo fue ser el más chico, el único *millenial*, en un equipo que tenía toda una ciudad a cargo.

Algunas veces no sabía de donde sacar energía, o

tiempo. Y era normal sentirme estresado. A veces veía películas o series con personajes que podían resolver una crisis mundial trabajando intensamente. Quería ser como ellos. Pero al querer hacerlo, me estresaba más y hacía menos. Y terminaba siendo lo contrario a como quería ser.

Entre tantas cosas que quería hacer, simplemente no me alcanzaban las horas de un día para terminarlas. El que sufrió todo fue mi pobre estómago.

Y fue mi culpa que a veces me llenara de tantos proyectos, y que tuviera que tomar la decisión de renunciar o de abandonar algunos de ellos.

En mis últimos seis meses como estudiante, luego de un gran fracaso, pude encontrar el tiempo para tranquilizarme. También fui a mis primeras clases de yoga, y aunque estuve con todo el cuerpo adolorido la primera semana, descubrí una nueva forma de concentrarme en lo que de verdad me importa. Casi al mismo tiempo, encontré una nueva frase para hacer que sucedieran las cosas que había estado planeando: "Hecho es mejor que perfecto". Y poco a poco, aprendí que tenía que encontrar un balance entre quien soy, lo que me gusta, y a lo que me quiero dedicar. Le llaman encontrar tu propósito. Una vez que lo encuentras, puedes definir más fácil tus prioridades.

Y sé que no a todos les gusta hablar de política. Entiendo perfectamente por qué es uno de los temas prohibidos cuando tienes una comida familiar. Cuando empiezas la discusión, ya no tiene fin. Aparte, la mayoría de los mexicanos estamos decepcionados con todo lo que tenga que ver con partidos políticos. Yo también. Pero no involucrarnos en los temas públicos, es justo lo que nos ha traído hasta aquí. Toma este libro como una manera diferente de ver las cosas.

Si pudieras lanzarte para un cargo público, estaría excelente. Necesitamos gente decente discutiendo y arreglando los problemas del país. Pero si eso no es lo tuyo, no te preocupes. Sería muy aburrido hablar solo de política. Conforme vayas leyendo, sabrás todo lo que un joven, o no tan joven, puede hacer para lograr tener algún día el país que todos quisiéramos tener. Y cómo encontrar tu propósito, aprovechar todo tu potencial para encontrar nuevas ideas y hacer que sucedan.

Mientras todo esto pasaba, me han dicho que, de una u otra manera, me encanta meterme en problemas. Ahora que lo pienso, me declaro culpable. Cada decisión y cada proyecto ha tenido sus costos y sacrificios de todo tipo. Claro que hubiera sido mucho más fácil y cómodo solamente dedicarme a hacer lo mío. Pero sería muy egoísta. Eso no es lo que el país o el mundo necesitan.

Si meterse en problemas es la única manera de hacer que cambien las cosas, cuenta conmigo. Y espero que al final de este libro yo también pueda contar contigo.

IMPOSIBLE HASTA QUE SE HACE

NUEVOS COMIENZOS

"Siempre da más de que lo esperan de ti".

-

Larry Page

Próximo Presidente

El presidente para los siguientes próximos seis años ya tomó protesta. Creo en la importancia de tener pluralidad de ideas. Así que puedo decir sin problema que yo no voté por él. No he entendido su manera de pensar y de actuar. Pero deseo con todo mi ser que nos sorprenda. No podemos desearle otra cosa más que sea un periodo y una administración exitosa. Si a su gobierno le va bien, significa que, al país, y a nosotros, nos irá bien. También deseo que quienes forman parte de su equipo y de su partido, escuchen a quienes tienen otra visión de lo que podrían ser las soluciones que el país tanto necesita. Como bien dice Octavio Paz, "las grandes cosas que los hombres hemos hecho, han sido hijas del diálogo".

Hay muchas dudas. Nadie puede predecir los resultados de su gobierno ni predecir el comportamiento que tendrá López Obrador durante los próximos seis años. No podemos saber si será congruente con sus propuestas y con lo que presentó durante los cinco meses de transición. O si cambiará de opinión cuando algo de lo que había dicho ya no le convenga.

Por más de 18 años, estuve escuchando cómo decían que sería él gobernando. Se resume con el nombre de un país: Venezuela. Y que México se convertiría en una dictadura. Que estaba en contra de los empresarios, que iba a terminar con todas las inversiones extranjeras, que cerraría cientos de plantas y empresas, que cancelaría reformas, y muchas otras cosas.

Nadie sabía lo que pasaría a partir de que ganó. Y al menos cuando fue declarado ganador, como presidente electo quiso dar un mensaje que nos tranquilizara a todos con su primer discurso:

"El nuevo proyecto de nación buscará establecer una auténtica democracia. No apostamos a construir una dictadura abierta ni encubierta", dijo. Después agregó que los cambios que él hará serán profundos, pero siempre con apego al orden legal.

En esos cambios que el país necesita, hay muchísimos retos que afrontar. Casi la mitad de los mexicanos están en situación de pobreza, hay enormes casos y prácticas de corrupción a diario, no tenemos el crecimiento económico que deberíamos y tenemos los peores índices de educación a nivel internacional. Y la lista sigue. Cualquier persona la puede completar.

Pero claro que hay solución a todos y cada uno de esos problemas. Y justo ahora, la esperanza de un cambio es mucho más grande que antes. No había pasado nunca que un candidato a presidente ganara con más del 50% de los votos en toda la historia de México.

Y hay que tener cuidado con esa esperanza depositada en una sola persona. No todo depende del presidente. A fin de cuentas, somos una democracia con balance de poderes. Está el poder ejecutivo, el legislativo y el judicial. Un presidente no tiene, ni debería, tener todo el poder. Pero el partido político de López Obrador ganó la mayoría de los lugares en el congreso y tomaron protesta unos meses antes que él. En teoría, el poder legislativo es independiente del ejecutivo. Si el presidente envía una iniciativa al congreso, debería de ser evaluada y votada independientemente de la afiliación política de cada diputado o senador. Pero hemos visto cómo funcionan las cosas en México. No funcionan como deberían. Me preocupa que López Obrador pueda enviar una iniciativa al congreso, y que sea aprobada inmediatamente. Sin un análisis crítico y objetivo.

Si seguimos dejando que ellos hagan lo que quieran, esto no va a cambiar. Y es más simple de lo que parece. Los gobernantes son tus representantes. Pero si no saben lo que tú quieres, y además saben que no los estás vigilando, están en completa libertad.

No es secreto que todas las personas de todas las edades están decepcionados y hartos de los partidos políticos. Hasta se ve mal participar en ellos. Y se ve aún peor ser parte del gobierno. Con el rechazo que le hemos dado a los políticos, tal vez esperábamos que reaccionaran a nuestra apatía y a nuestra desconfianza. Pensamos que, si nos veían enojados y sin la intención de apoyarlos, se iban a renovar para corregir sus males. Pero pasó lo contrario. Parece que cada vez toman peores decisiones. Y cuando creemos que ya no nos pueden decepcionar más, nos vuelven a sorprender.

Aun así, los ciudadanos no nos hemos animado a participar en organizaciones, ni a vincular las universidades con la iniciativa privada, ni a elegir una causa y luchar por ella. Algo que hubiera sido lo normal si nos hubiéramos querido deshacer de los partidos políticos de una vez por todas.

Lo que sí hacemos es criticar cualquier error y a cualquier persona que intente hacer algo. Esto es importante: el país no va a cambiar con nuestra opinión. Se requiere mucho más que eso. Sobre todo, acción.

Y buscar un cambio organizado.

El potencial lo tenemos. En México, a diferencia de muchos otros países de primer mundo, los jóvenes somos mayoría. Es increíble. Porque en los países de Europa y muchos de Asia la gente está decidiendo no tener hijos.

Pero esa proporción de mayoría que tenemos los jóvenes viene junto con una enorme responsabilidad. Y la realidad es que toda nuestra generación tiene ideas diferentes para el país. Y son muy buenas. El problema es que se está quedando en ideas.

Este es el momento perfecto para hacer que sucedan esas ideas. El reto más grande, justo ahora, para todos los mexicanos, es aprovechar la esperanza de un cambio que hay y convertirla en la herramienta más poderosa para lograrlo: la participación ciudadana.

El día de las elecciones participé cuidando una casilla. Quería asegurarme de que ahí los votos se respetaran. Como me habían dicho que en la colonia que estaba cuidando, era normal que las lideresas del PRI hicieran trampa, no me despegué ni un minuto de la casilla. Y no perdí la vista de las urnas donde la gente depositaba sus boletas.

En las diez horas que estuve ahí, no pasó nada alarmante. Hasta en la noche.

Se complicó mucho contar los votos. Había más de 20 posibles combinaciones (no entiendo por qué los partidos hacen alianzas). Pero todo lo hicimos muy cuidadosamente. En esa casilla que siempre ganaba el PRI, resultó que había ganado López Obrador. Y mientras seguía contando votos, me llegó la notificación a mi celular de un mensaje de Uno Noticias. Nunca me suscribí a ese servicio, como muchos, pero al menos ese día fue útil. Decía que José Antonio Meade y Ricardo Anaya ya habían salido a aceptar su derrota.

Un año antes yo había presenciado la elección de gobernador en Coahuila, mi estado. Lo que pasó fue que dos candidatos se declararon ganadores justo al mismo tiempo. Y los dos aseguraban tener las actas que lo comprobaban. El cuento no acabó hasta que la discusión llegó a los tribunales cinco meses después. Eso no fue bueno para el estado ni para sus ciudadanos. Se generó mucha incertidumbre política y económica. Muchas inversiones no llegaron a causa de eso. Y fueron meses desperdiciados que se pudieron haber ocupado en una transición ordenada y un tiempo dedicado a planear lo que sería el próximo gobierno.

A nivel nacional también pasó en 2008 con la elección de Felipe Calderón y la gran manifestación que promovió López Obrador. Hasta tuvo su propia toma de protesta como presidente legítimo. Inventada. Y fuera de la ley. Y me imaginé que algo así sucedería esta vez. Toda la elección presidencial acabando en los tribunales, y tanto unos como otros, en medio de acusaciones de votos robados, manipulación de los sistemas de conteo, y las cosas que siempre escuchamos. Pero fue diferente esta vez. No hubo nada de eso.

Hasta ese mismo día en la noche, el presidente Enrique Peña Nieto envió un mensaje a toda la nación reconociendo el triunfo de López Obrador, iniciando lo que sería una transición apegada a la ley. Dos días después, tuvieron su primera reunión en Palacio Nacional. Esos son actos que envían el mensaje de que hay una continuidad democrática en el gobierno. Y que tenemos un sistema electoral moderno. El resultado fue que el peso mexicano se apreciara y que bajara la incertidumbre política que tenía nuestro país.

Pero cuando las cosas fluyen de esa manera, también está quien piensa que todo ya estaba arreglado desde antes. "Por eso aceptan la derrota tan rápido". "El presidente lo tenía todo pactado". Tengo amigos que siempre se imaginan lo peor de cada cosa. Les llamo los conspiracioncitas. Bajo su mirada todo lo que pasa en el país está arreglado y planeado. Hasta el más mínimo detalle. Bueno, pues yo no lo creo. Lo que sí creo es que las cosas son mucho más simples de lo que a veces parecen. Y que los ciudadanos sí podemos cambiar el rumbo de lo que pasa.

Esa idea de que ya estaba todo pactado, se intensificó en agosto, dos meses después de las elecciones, cuando se reunieron López Obrador y José Antonio Meade. De nuevo, hubo quienes empezaron a acusar que todo ya estaba planeado. Y que el PRI había ayudado a que ganara Morena. Me gustó como lo expresó León Krauze en un Tweet:

"Hay que bajarle dos rayas. En la reunión entre López Obrador y Meade no hay nada perverso ni señal de contubernio alguno. Es lo que ocurre, idealmente, en una democracia civilizada entre el ganador y un candidato que reconoce y asume su derrota. Así debe (y debió) ocurrir siempre".

Estuve totalmente de acuerdo con él. Hay muchas cosas que se hacen en las democracias modernas y avanzadas con las que no estamos acostumbrados en México. Como dice Krauze, así debió ser siempre.

La razón por la que ganó López Obrador la tenemos muy clara. Creo que todos lo sentimos. Había enojo con el PRI y con el PAN por no haber entregado los resultados que prometieron. Con ambos hubo avances. Sí. Pero las expectativas de los mexicanos ya no son bajas. Y aunque digan como excusa que en seis o doce años no se podía hacer un cambio, hay países que sí lo han hecho.

Hay que estar muy atentos a lo que pase en estos próximos años. Le debemos una mente abierta y una oportunidad a López Obrador y a Morena. Pero jamás, el cambio, se debe de tratar de una sola elección o una sola persona. Vivimos en una democracia, después de todo. Por eso, además de una mente abierta, también le debemos al país una participación más activa que nunca antes. Todo el tiempo. En serio.

Desde hace varios años, Manuel, mi mejor amigo y yo, nos asociamos para hacer la empresa que siempre habíamos querido tener. Nos dedicamos a ayudar a las empresas y a personas innovar en marketing, en logística y en comunicación. Como a cualquiera que le apasionen estos temas, a los dos, además de los negocios, nos apasionan las campañas, incluidas las campañas políticas (cuando están bien hechas). Nos emocionaba mucho el inicio del 2018.

Habría elecciones nacionales y locales. Estábamos ansiosos por ver todo lo que harían los candidatos. Pero también estábamos desesperados por formar parte de alguno de sus equipos y ayudar a que ganara el mejor perfil.

Sin saber qué y cómo, se nos presentó una oportunidad de oro. Justo en el momento en el que Margarita Zavala empezó a juntar firmas para ser candidata independiente, nos dieron la noticia de que su equipo nos recibiría para que les presentáramos una propuesta para su estrategia digital de campaña. Nos estuvimos preparando muy bien para esa presentación. Casi sin dormir por varios días, investigamos y estudiamos lo que habían hecho candidatos a la presidencia en otros países como Barack Obama en 2008 y en su reelección en 2012. Hillary Clinton en 2016. Y Emmanuel Macron en 2017. Todos ellos habían logrado construir las campañas más innovadoras en la historia.

En cambio, en México, lo normal es hacer el tipo de campaña a la que todos están acostumbrados. Y que a nadie nos gusta. Siempre son algo así: dos o tres meses con spots de radio y tele. Publicar eventos en Facebook y en Twitter. Y anunciar propuestas muy parecidas a la del resto de los candidatos. Todos prometen más seguridad. Más empleos. Menos pobreza. No hombre, unos genios.

Lo que han hecho en otros países es demostrar que quieren ganar. ¿Cómo? Haciendo el mejor esfuerzo. Reuniendo al mejor equipo. Reclutando a los expertos de cada tema. Construyendo la mejor campaña. E involucrando en ella al mayor número de ciudadanos.

En el documental llamado "Mitt" que hizo Netflix, podemos ver cómo es el día a día de un candidato presidencial. Es todo un detrás de cámaras en la campaña del gobernador Mitt Romney cuando se lanzó por el cargo de presidente en 2012, contra Barack Obama. En una de las escenas, la que más me llamó la atención, mientras preparaban la producción de uno de los video promocionales, una persona del equipo del candidato lo confesó todo: "En una campaña presidencial, todo tiene que ser y verse perfecto. Si algo sale mal, estás dando a entender que así podría ser su gobierno".

Y hay un mensaje claro y directo que quiero enviar a todos los candidatos que tuvimos en 2018. Margarita, Ricardo, Andrés, José y Jaime: no cumplieron con las expectativas. Ninguno. Sus campañas no dieron la imagen de ser perfectas. Si no todo lo contrario. Todas estuvieron llenas de errores. Pero no aprendieron de ellos. Y la campaña de alguien, refleja mucho cómo es esa persona. Y el gobierno que podrían tener.

Los seguía a todos en Twitter. Y cada que abría uno de sus videos, me imaginaba su presidencia o el gobierno que ejercerían. El gobierno de Andrés López obrador con ideas incompletas y con un equipo saliendo a explicar lo que trató de decir, generando más confusión y pánico. Con eventos con grandes multitudes y con medios que no lo cuestionarían. El gobierno de Ricardo Anaya generando una gran expectativa para después defraudarnos a todos, con un equipo fragmentado y ciclado en el mismo escándalo mediático los seis años, arrastrándolo a realizar acciones mediocres y terminando con un gobierno no planeado. Más bien improvisado. El gobierno de José Antonio Meade, la continuidad del de Enrique Peña Nieto. Con un equipo lleno de personajes reconocidos de la historia política de nuestro país, pero pocos expertos en los temas urgentes para resolver. A excepción de él, reconocido como un intelectual. Eso sí, con toda una estructura diciendo que México es el país número uno y que todo está bien.

Durante los tres insoportables meses de campaña, no vi ningún artículo en ninguna revista o periódico hablando sobre la innovación de alguna de las cinco campañas.

¿Qué esperaba? Por lo menos, lo que habíamos visto en otros países: un equipo de expertos en análisis de datos y microtargeting para llegar a votantes potenciales. Un equipo investigando los problemas del país a fondo y haciendo pruebas con números para ver diferentes escenarios y verificar la viabilidad de las soluciones que su candidato estaba presentando. Un equipo de expertos en organización digital y presencial, reclutando voluntarios y dirigiendo miles de acciones en todo el país. Un equipo de mercadólogos probando diferentes mensajes, colores y slogans. Un equipo dedicado a escribir los discursos. Un equipo de innovación digital para llegar a cada plataforma de una manera llamativa. No solamente publicando eventos. Todo, bajo la dirección y visión de un CEO. Un coordinador de campaña experto en planeación. Así con las campañas de este siglo. Como si fueran una startup. Pero como vimos, en México aún no.

Cuando me pongo a reflexionar no entiendo por qué los cinco candidatos nunca se dieron el tiempo para abrir y buscar en Google "¿*Cómo ganó Obama?*". Con que hubieran visto los primeros resultados hubiera sido suficiente para se dieran una idea de qué es lo que tenían que hacer.

La primera vez que Barack Obama se lanzó para ser presidente yo estaba en secundaria, y me acuerdo perfectamente de que todas las personas y medios de comunicación hablaban sobre cómo revolucionó las campañas políticas porque fue el primer candidato en aprovechar las redes sociales. Eso fue en 2008. Y cuatro años después, en su campaña de reelección en 2012, volvió a innovar al inventar una plataforma en internet que organizaba a sus voluntarios en todo el país. Y a todo eso hay que sumarle su gran talento para hablar en público y el gran carisma que tiene. Él también fue de los primeros políticos auténticos que se abrió. Nunca le dio miedo mostrar sus emociones y lo que sentía y pensaba. En sus discursos se rio e hizo bromas. En otros confesó enojo o decepción. En algunos cantó y en otros lloró. A fin de cuentas, un candidato o un presidente, son personas. No robots.

Dos años antes de nuestras campañas, el mundo estuvo atento a dos muy importantes: la elección del presidente de Estados Unidos y la del presidente de Francia. Y al menos yo estuve excesivamente al pendiente de ellas.

En 2016 Hillary Clinton reunió al mejor equipo. La

mitad de ellos eran ex-trabajadores de la Casa Blanca que habían renunciado para trabajar con ella. La segunda mitad de su equipo eran profesionales reconocidos en empresas de Silicon Valley. Y miles de voluntarios. Puso dos directores de campaña. Uno experto en política y en campañas tradicionales, y uno muy joven experto en campañas y estrategias modernas. Hicieron cosas increíbles en temas de branding y marketing. También en temas de política y organización. Al final recaudó más de 3 billones de dólares con donativos de millones de personas. Y lograron conectar a toda una base de voluntarios en una aplicación. No ganó. Pero obtuvo casi 3 millones de votos más que Donald Trump. Aunque no llegó a ser la primera mujer presidente de Estados Unidos, los expertos reconocen que hizo una de las mejores campañas.

Y en 2017, la campaña que hizo Emanuel Macron, en Francia, tomó lo mejor de otros candidatos en el mundo y lo mejoró. Empezó un movimiento llamado *En Marche*, al que se apuntaron miles de voluntarios. Como parte de su estrategia, la campaña logró crear algoritmos, junto con una firma que se dedica a temas digitales, para identificar a los distritos y a las colonias en las que existiera la posibilidad de que votaran por Macron, gracias a datos que habían recaudado con su aplicación. Reclutaron digitalmente a miles de voluntarios. Y los voluntarios no solamente repartían volantes. La campaña los organizaba para ir a tocar las puertas de más votantes potenciales. En total tocaron más de 300,000 puertas. Y tuvieron más de 25,000 entrevistas para estar alimentando la base de datos de la campaña sobre los problemas y temas que les interesaban a las personas. Eso ayudó a crear las propuestas y políticas que después implementarían como gobierno. Eso es de lo que jamás escuché en México durante estas pasadas elecciones. Para mí, eso es demostrar que quieres ganar. Eso es demostrar que harás un gobierno con la ayuda de todos.

Creí que al menos uno o dos candidatos en México harían eso. Sobre todo, los más jóvenes. Pero ninguno lo hizo. Y parte del problema de que odiamos las campañas, es porque no nos sentimos parte de ellas. Porque no han intentado hacerlo.

Cuando nos bajamos del avión Manuel y yo, en el aeropuerto de la Ciudad de México, quité el modo avión de mi celular. Busqué el contacto de la persona que nos iba a recibir para avisarle que ya habíamos llegado. Varios minutos después vi la notificación de WhatsApp con la respuesta: había habido un cambio de agenda. Nos recibirían hasta más tarde. Por suerte, habíamos comprado el boleto de regreso para más tarde. Y con ese cambio nos quedarían una o dos horas para descansar un poco. No habíamos dormido nada. Pasamos toda la noche haciendo los últimos cambios a la presentación y en la madrugada nos fuimos al aeropuerto para tomar el primer vuelo del día. En vivo.

La verdad, no podíamos creerlo. Estábamos a punto de llegar a la casa de campaña de la primera mujer en México que estaba buscando una candidatura independiente a la presidencia. Por si fuera poco, ese día, 17 de octubre, se estaba celebrando el 64 aniversario desde que fue reconocido el derecho de las mujeres para votar. Para conmemorarlo, estábamos a punto de presentar nuestro mejor esfuerzo para lograr apoyar a una para que lograra ser presidente. Era el día perfecto. ¿Qué puedo decir? Me encanta apoyar a las mujeres.

Llegamos. Y la persona que nos iba a recibir nos avisó de otro cambio de última hora en la agenda. Así que él le pidió a uno de los miembros de su equipo que nos recibiera y escuchara lo que teníamos para presentar. Al estilo Emmanuel Macron, tomamos lo mejor de otras campañas y lo mejoramos. Dimos todas nuestras ideas y nuestros planes.

A veces uno reconoce cuando una batalla está perdida. Así sentimos cuando nos dimos cuenta de que a la persona a la que le estábamos presentando, no le atraían tanto nuestras ideas. De hecho, al final hasta nos hizo el comentario "no necesitamos tanto marketing". Todavía hoy me sigo me sigo cuestionando cómo una campaña no lo necesitaría.

Apenas salimos de la casa de campaña, nos volteamos a ver. Y sin decir nada los dos nos vimos la cara de decepción. La campaña tenía un gran problema. Nos fuimos al aeropuerto y regresamos a nuestra ciudad. Sin entender cómo no estaban interesados en construir y tener una campaña innovadora.

En la tarde de ese mismo día, vimos que Margarita publicó una foto en donde aparecía ella, a lo lejos, celebrando el aniversario del voto de la mujer en México sentada en un Starbucks, con una o dos personas juntando firmas. Ni un discurso. Ni un video emocionante. Ni una frase inspiradora.

Lo entendemos. El proceso de recaudar todas esas firmas ciudadanas fue extremadamente agotador. Definitivamente es casi imposible lograr ser candidato independiente en México. Pero estamos en la época de hacer lo imposible, posible. Y sí logró juntar las firmas. Sí logró ser candidata. Cuando eso pasó, todavía había algo de esperanza en nosotros en que estuvieran interesados en hacer una campaña como la de Macron o como la de Obama. Créanme que tratamos. Les enviamos todas nuestras presentaciones con ideas y ejemplos. Sabíamos que tenían problemas económicos. Pero el chiste de todo era hacer historia. Estábamos tan desesperados por ver una campaña increíble en México, que hasta les ofrecimos toda la estrategia y la ejecución por parte de nuestra empresa de manera gratuita. Nuestra insistencia fue porque era momento histórico para México. Eso merecía la campaña más innovadora. Una que inspirara a millones de mujeres, jóvenes y niños. Pero el equipo terminó muy cansado y desgastado con la recaudación de firmas, como ellos mismos nos lo confesaron.

Sabemos lo que pasó después. Una campaña que nunca encendió. Y que un día nos sorprendió con su renuncia. Cosa que todos aplaudimos. La renuncia con la que escuchamos a la verdadera Margarita platicar de sus valores, de lo que sentía, de los problemas que veía. Fue la versión más auténtica de ella que hemos visto. Pero hay algo que me llama la atención en esto.

El discurso que dio Hillary Clinton cuando perdió y reconoció la derrota en las elecciones en 2016, fue catalogado como el mejor que ha dado. Dijeron que fue auténtica, emotiva, fuerte, respetuosa, visionaria e inspiradora. Exactamente lo que le dijeron a Margarita Zavala cuando renunció.

Jennifer Palmeri, exdirectora de comunicaciones de la campaña de Hillary, en su libro más reciente, asegura que nos agradan esos momentos porque en nuestro subconsciente (primitivo), eso pensamos que debería de hacer una mujer. Anteponer los intereses de los demás, a los propios. Conceder. Aceptar la derrota. Dejar que alguien más tome el control. Es algo para reflexionar dos o tres veces. Quizá estemos perdiendo muchas grandes oportunidades en la vida pública del país, en las empresas y en las organizaciones por hacerle caso a ese subconsciente que tenemos.

Espero algún día ver a una mujer presidente en México. Y quiero estar para apoyarla haciendo mi parte para que gane. También espero ver algún día una campaña que nos mueva. Que nos inspire. Que nos organice. Una campaña innovadora. México la necesita más que nunca.

Jamás voy a poder olvidar cómo eran los debates antes. En 2012, cuando le tocaba hablar a Josefina Vázquez Mota, Enrique Peña Nieto, Gabriel Quadri o a López Obrador, parecía que cada uno estaba en un lugar diferente. No se respondían entre ellos y jamás se voltearon a ver.

El moderador solo decía dos tipos de cosas. "Se acabó el tiempo" y "La pregunta que sigue es..." y la sacaba de una urna al azar. Después, los candidatos no contestaban y hablaban de lo que querían. El moderador jamás intervenía. No moderaba. Esos no eran debates. Eran exposiciones.

Muchos, o la mayoría de los debates con candidatos a alcaldes, gobernadores, diputados o senadores, son así. Con preguntas genéricas. Y sin intervención del moderador. De hecho, muchos llegan al debate y hasta tienen que leer lo que dicen. Tengo esta política personal: si veo a un candidato leyendo en un debate, queda descartado dentro de mis posibilidades. Porque no se preparó. Y si así fue para un debate, así será en su gobierno.

Ahora esperaba algo de acción. Pero no lo vi venir. Creí que serían iguales que antes. Quedé literal con la boca abierta de sorpresa en los primeros minutos del primer debate que organizó el INE en estas últimas elecciones. Fue casi instantáneamente que me pude dar cuenta que se habían modernizado. Incluso, hasta en los detalles más pequeños. Se veía increíble el Palacio de Minería en Ciudad de México. Hasta la iluminación era moderna.

Y lo mejor de todo: el formato.

Empezó rápido. Al grano. Los moderadores hacían las preguntas que cada candidato era acreedor de. Si había algún escándalo personal, le preguntaban sobre eso. Si había algún tema confuso, le preguntaban sobre eso. Si se desviaban del tema, los interrumpían para que volvieran a la pregunta. Los tiempos se distribuían de una manera en la que el debate era dinámico. Si uno de ellos cuestionaba al otro, se aseguraban de que la pregunta no quedara en el aire. Eso sí era un debate real. ¡Y no fue todo! Cada uno de los tres debates tuvieron formatos diferentes.

Mi total reconocimiento a quienes lo organizaron de esa manera. Me sentí orgulloso de que al menos el Instituto Nacional Electoral sí se estaba modernizando. De que si estuvieran analizando cómo son las cosas en otros países.

El siguiente paso a nivel nacional es hacer que los debates sean parte de los momentos más importantes de una elección.

Y si en el próximo debate que veas, en cualquier tipo de elección, ves que uno de los candidatos le cuestiona algo a otro, no lo veas como algo malo ni como un ataque. Tenemos derecho a saber la verdad y a que aclaren los temas en los que hay confusión. Tampoco contabilices cuántas propuestas dijo cada quién. A fin de cuentas, es un debate. No una exposición de propuestas. En lugar de eso, podemos fijarnos en cómo reaccionan ante los cuestionamientos. Qué tanto se prepararon. Por qué se están postulando. En qué se diferencian de los otros candidatos. Cómo afrontan las verdades o las mentiras. Cómo piensan. Cómo tratan a los demás. Cómo actúan bajo presión. Qué argumentos y pruebas tienen de que sus propuestas es lo que se necesita para el país. Todo eso es importante en un presidente. De hecho, es importante en cualquier cargo público.

Presentar propuestas sí es básico. Pero para eso están los discursos que dan, sus páginas de internet y sus libros (lo hará si es alguien que se está esforzando por dar a conocer sus ideas). Y esta pasada elección no vi un gran esfuerzo por comunicarlas.

Ricardo Anaya mencionó un libro en el primer debate que contenía sus propuestas y su plan de gobierno. Pero después su equipo salió a aclarar que era un libro que no se encontraba disponible para el público. Qué cosas tan extrañas pasaron en las campañas. Como cuando José Antonio Meade no se acordaba del título de su propio libro. Margarita Zavala y Andrés Manuel López ya habían publicado uno antes de que empezaran las campañas con sus visiones para el país.

Me molestaba cada que visitaba la página de internet de alguno de ellos. Sí publicaron sus propuestas. Pero también hay maneras. Lo que hicieron fue copiar y pegar el texto en el sitio web. Hasta aparecían con letra chiquita. Sin espacios entre líneas. Sin frases resaltadas. Sin colores. Y sé por qué lo hicieron así. Porque no les interesaba que las personas llegaran a leerlas. Cuando eso te interesa, piensas en cómo hacer para que cada una de tus propuestas se entienda y se comunique de la mejor manera.

Ya no voy a mencionar nombres ni lugares (ya se podrán imaginar a quién me refiero), pero este es un gran ejemplo: en otro país, un candidato (candidata) tenía una propuesta para reducir los enormes créditos que pagan las personas para ir a la universidad. Para hacer la propuesta entendible, atractiva y más ilustrativa, esta persona puso en su sitio web un simulador de la propuesta. Cualquier usuario podía entrar, seleccionar de cuántos años era tu crédito. La cantidad de dinero que debía. Su edad. Y algunas otras preguntas y datos. Y al final, el sitio web ponía un comparativo personalizado con lo que pagaban en ese momento por sus créditos, contra lo que podrían pagar y en cuánto tiempo, si la propuesta del candidato se hacía realidad.

Eso hizo con muchas de sus propuestas. Buscar maneras innovadoras de explicar cómo funcionarían. Eso, es demostrar que quieres ganar, y que quieres que los que podrían votar por ti, entiendan a la perfección cada una de tus propuestas.

Fue muy difícil decidir por quién votar. Odio, como muchos, tener que elegir al menos peor.

Eso se va acabar cuando nos decidamos a participar activamente en las decisiones del país. Cuando exijamos. Cuando marchemos. Cuando nos organicemos (de lo que hablo en algún lugar en este libro). Y, sobre todo, cuando todos estén abiertos a lanzarse por algún cargo público. No tienes que lanzarte para ser presidente de la república de un día a otro. Puedes empezar siendo presidente de tu colonia. O presidente de tu carrera en tu universidad. Presidente del grupo de padres de familia de la escuela de tus hijos. O presidente de algún grupo de empresarios. Necesitamos a las personas correctas en los cargos públicos correctos.

Cuando lo hagas, da tu mejor esfuerzo. Tu trabajo y tu desempeño no tiene que ser perfecto. Solo sé valiente. Amable. Y resiliente. Ese día va ser increíble. Ya no se va a tratar de elegir al menos peor. Se va a tratar de una difícil decisión para elegir al mejor. ¿Pero qué se hace cuando aún no es así?

Anular el voto es algo de lo que siempre he estado en contra. Sí pienso que es una manera de reclamar que ninguna de las opciones te representa, y una manera de exigir que a la próxima haya mejores candidatos. Lo consideré muchas veces esta última vez. Elegir a alguien era más importante que hacer un reclamo. Porque lo anulara o no, alguien iba a ganar. Y esa persona no se iba a poner a reflexionar sobre la cantidad de votos que habían anulado. De hecho, es algo que se deben de preguntar quienes no ganaron. Esperando que hagan todo un autoanálisis de por qué perdieron.

En los últimos días de campaña quería definir mi voto. Estaba a la espera de ver a algún candidato preparado para ser presidente. Durante las campañas había pasado de todo. Pero ya era el momento para ellos de dar el cierre y pedir por última vez el voto de los mexicanos. Me los imaginé preparando y escribiendo el mejor discurso de sus vidas. Diferentes borradores y cientos de correcciones. En mi cabeza me los imaginaba ensayando para esos últimos días. El equipo de cada uno de ellos, organizando los últimos eventos con una logística perfecta. Con escenarios en donde solo el candidato subiría. Ellos solos parados ante un pódium presidencial. Dando el mensaje que nos convencería a todos. Un discurso para probar su experiencia y capacidad para gobernar.

En los tres meses de campaña ninguno se comportó así. Pero al final, estaba seguro de que así sería. A fin de cuentas, se estaban lanzando para ser presidentes de México. En algún momento, tarde o temprano, tenían que demostrar que lo podrían ser.

Lo que vi, en cambio, fueron videos de los candidatos bailando. Tomando el micrófono para decir cualquier cosa que se les ocurriera en el momento. Y gritando porras en eventos mal organizados.

Eso me decepciona. "Así son las campañas en México", me dicen muy seguido. Pues sí. Así son. Pero no significa que así deban de seguir siendo.

Al final ganó López Obrador.

No podemos saber quién será el presidente en 2024, en 2030 o en 2036. Pero hay una pequeña probabilidad de que esa persona esté leyendo este libro. A lo mejor hasta eres tú. Tal vez eres un estudiante aún, o una empresaria, o un maestro o una emprendedora. Tal vez seas hombre o mujer. Tal vez ya estés en la vida pública, o aún no y lo ves como algo totalmente ajeno a ti. Quizá ya decidiste que quieres ser presidente o quizá aún no lo sabes y te imaginas un futuro completamente diferente para ti. Pero debes de tener en cuenta esto: vale la pena. Vale completamente la pena.

También debes de saber que si quieres ganar, si realmente deseas hacer un cambio en el país, si crees en tu capacidad para resolver problemas y darnos el rumbo correcto, debes de demostrarlo. Y la mejor manera de demostrarlo es hacer una campaña a la altura de la oficina a la que estás buscando llegar. Buscar la presidencia es buscar llegar a ocupar la oficina más importante del país. Tenemos que darle la importancia que se merece. Sí tenemos que darnos cuenta de que es nuestro máximo representante. No lo hace solo. Y no puede solo. Pero un presidente toma decisiones y define las acciones y la agenda durante 6 años.

En un país como México, en el que hay muy baja participación de las personas en organizaciones no gubernamentales y en el que la participación de la iniciativa privada en temas públicos también es un reto, las elecciones deberían de ser más importantes.

El promedio de vida en México es de 76 años. En una vida entera, un mexicano va a ver el paso de 12 presidentes. Solamente 12. Y ya que podemos votar hasta los 18 años, una persona solo tendrá la oportunidad de elegir a 9. Así que no podemos darnos el lujo de jugar con alguna de esas nueve decisiones que tendremos que tomar en nuestra vida.

Yo ya voté en dos. Me quedan siete. En esas siete elecciones, estaré exigiendo que los candidatos sean los mejores perfiles. Y que hagan campañas que nos sumen a todos.

"Si quieres ser alguien especial, se tú mismo"

-

Anónimo

Cambio De Planes

En agosto acabaron las vacaciones de verano. Y empezó mi último semestre de mi carrera. Los primeros días de clases todos seguían hablando de cómo había ganado López Obrador. Y qué esperábamos que sucediera cuando tomara protesta. Pero algo era seguro, nosotros teníamos que seguir esforzándonos para ser los mejores estudiantes para después poder ser los mejores profesionistas. No quedaba más. El país ya había decidido. Así que traté de no pensar ni preocuparme mucho sobre eso.

Después de pasar más tiempo del que esperaba estudiando, ya solo me faltaba el último esfuerzo. Y quería estar totalmente enfocado en aprovechar mis últimas clases y mis últimos días en la universidad. Como casi todos mis compañeros, tuve pequeñas crisis en las que no sabía que iba a hacer de ahí en adelante. Faltaban solamente meses para mi graduación. La entrada al mundo real. Pero me propuse a mí mismo tomarme esos últimos meses para estar tranquilo. Ya había pasado muchos años corriendo de un lado para el otro.

Todavía me acuerdo perfectamente de cómo escogí mi carrera cuando estaba a punto de graduarme de prepa. Se me ocurrió abrir YouTube para buscar ideas. Entre tantas cosas que me gustaban, era difícil decidir a lo que me iba a dedicar de por vida. Ya sabes cómo es eso de los videos. Ves uno que te lleva a otro. Cuando te das cuenta pasaron horas. De video en video, llegué a uno que explicaba todo el trabajo de ingeniería que hay detrás de los parques temáticos de Disney. Sobre todo, el de Orlando. La logística diaria. El equipo de imaginación que planea las nuevas atracciones. La innovación que ponen en cada uno de sus parques. ¡Perfección pura! Por algo decimos que es el lugar más feliz de la tierra. Con ese video de entrevistas a todos los miembros del equipo me inspiró para querer hacer lo mismo. Al día siguiente corrí a inscribirme a la carrera de ingeniería industrial y de sistemas.

Entrar a universidad fue algo muy emocionante. Y algo intimidante. Sentía que no sabía nada en comparación con todos los de mis clases que lo sabían todo. Tuvieron que pasar casi seis meses para que me acostumbrara y para que me diera cuenta de que en realidad todo estábamos en igualdad de condiciones. Era cuestión de agarrar confianza.

Me gustaban las clases. Sobre todo, las que eran como

"*Economía para la creación de empresas*" o "*Análisis y Expresión Verbal*". Las que los otros estudiantes de ingeniería llamaban clases de relleno o las de tronco común. Era muy evidente las cosas que me llamaban la atención y las que no. Y se notaba tanto que cada nuevo semestre mis amigos me decían que esa carrera no era para mí. No sé si por terco o por optimista, me convencía a mí mismo, y según yo también convencía los demás, de que sí era la carrera perfecta para mí. Pero no lo era.

Somos imperfectos. Si no lo fuéramos, sería muy aburrido. Y poco auténtico. Pero en ese entonces no lo sabía. Me aferré al plan. Yo mismo sabía que no me iba a dedicar a la industria cuando me graduara. Y sin darme cuenta estaba pasando por lo que los millenials tratamos de evitar a toda costa: soportar algo que no te gusta hacer, algo a lo que no le ves un propósito, y algo que crees que no te va a llevar a ningún lado.

No fueron meses. Fueron semestres sin aprovechar todo mi potencial. En clases. Porque en las actividades extracurriculares, ni qué decir. Cada qué mis papás me veían llegar a media noche, solo me preguntaban "¿Y ahora a qué te metiste?".

Me encantaba participar. Hasta hice mi propio grupo estudiantil. Se llamaba Voz Joven.

Acababan de pasar las elecciones presidenciales de 2012 y sentía todo el tiempo las ganas de hacer un cambio. De hecho, la idea original de Voz Joven era que fuera un grupo estudiantil político para promover iniciativas y para hacer que los más jóvenes tuviéramos un lugar para discutir y debatir ideas. Y hacer que sucedieran. Nuestra frase o slogan iba a ser "el mejor lugar para los jóvenes es la política".

Cuando llegamos a registrar el grupo al Tec, nos dijeron que, según el reglamento, no se podían registrar ese tipo de grupos, los que tenían temas políticos. Tuvimos que cambiar todo el concepto. Y toda la planeación que teníamos. Ahora, varios años después, el Tec ya permite y hasta fomenta no solamente que sus alumnos formen grupos estudiantiles con temas políticos. También promueven que los estudiantes se organicen en base a temas como los derechos humanos y la agenda de derechos para las personas LGBT.

Cambiamos todo, y resultó mejor. No pudimos dedicarnos a los asuntos políticos, pero en cambio promovimos la cultura. La lectura en niños. El reciclaje. Hicimos eventos de consciencia y reflexión. Y, sobre todo, hicimos que los estudiantes participaran más. Porque una vez que se inscribían a Voz Joven y se hacían parte de algo, cuando terminaban, buscaban alguna otra actividad en otro grupo. Objetivo cumplido.

Hubo cosas que salieron mal. Como cuando enviamos una carta por correo postal a todos los diputados y senadores del país para que confirmaran su asistencia a un evento que se llamaba Reforma Cultural. Queríamos mandar el mensaje de que no importaban mucho las reformas a las leyes si no cambiábamos todos nuestros hábitos y nuestra falta de participación. Cosas desde ser puntuales. Cumplir. Planear. Y todo eso. Ya que ninguno de los diputados y senadores confirmaron su asistencia, cancelamos el evento.

También hubo cosas que salían mejor de lo que esperábamos. Como un evento que hicimos que se llamaba Noche de Talentos. Queríamos darles exposición a todos los talentos ocultos de los estudiantes de prepa y carrera. Fuera cual fuera.

Fue nuestro primer evento. No sabíamos lo difícil que era lograr vender boletos. Conseguir patrocinios. Y sobre todo lograr que la gente se interesara. El día del evento no sabíamos ni qué hacer. Todo salió mucho mejor de lo que nos imaginamos. Y entraron más de seiscientas personas. Claro que lo volvimos a organizar al siguiente año. Y el público creció a más de novecientos. Ese año se habían hecho famosas las selfies gracias a Ellen DeGeneres en los Premios Oscar. En nuestro evento, Roger González, el conductor invitado, tomó una con todo el público. Era la novedad. Y se ve como todas las novecientas personas estaba eufóricas por aparecer en ella.

Todos esos eventos requerían de la mayor parte de mi tiempo. No solamente para organizarlos. Había que reclutar el mejor equipo. Escribir cartas. Enviar correos. Hacer llamadas. Planear la logística. Diseñar la publicidad. Pedir patrocinios. Y resolver miles de problemas. Crecí como persona y profesionista gracias a todo eso.

Pero no puedes hacer todo al mismo tiempo. Un día, los

de mi clase de *"Física II"* y los de *"Electricidad y Magnetismo"*, mandaron al grupo que teníamos en WhatsApp una foto en donde yo aparecía en una entrevista en el programa *México Opina* de CNN hablando sobre las reformas estructurales que estaba proponiendo Enrique Peña Nieto. En ese entonces aún no se aprobaban. Pero estaban a punto de. Y mis amigos se estaban riendo porque decían que era más fácil verme en el canal de CNN que en el salón de la clase.

Y así estuve varios semestres organizando y buscando actividades que me llenaran. Porque la carrera de ingeniería industrial no lo hacía.

Un fin de semana terminé de leer "¿Por qué fracasan los países?" casi al mismo tiempo que leí "Decisiones Difíciles". Los dos hablan de los problemas que está enfrentando el mundo actual. "Si me la paso leyendo libros y artículos sobre todo esto, ¡quiero dedicarme a todo esto!", pensé. Me acuerdo perfectamente de que era domingo. Como si necesitara otra señal del cielo para darme cuenta de las cosas, ese día Hillary Clinton publicó un video anunciando que se iba a lanzar por la presidencia. Bueno, yo también tenía que empezar a tomar mis propias decisiones. Decisiones difíciles. Para el lunes (el día siguiente) ya estaba en las oficinas de mi universidad empezando los trámites para cambiarme de carrera.

No me arrepiento del tiempo perdido. Pero ojalá hubiera escuchado a mis amigos y maestros antes. El lado bueno: sé más cosas de ingeniería más que cualquier otro graduado de negocios internacionales. Además, me encanta la carrera que elegí. Es muy específica en los temas que veíamos, pero al mismo tiempo muy amplia, ya que se trata de un mundo entero.

Mis clases favoritas fueron en las que estudiábamos las culturas de los países y cómo cada uno tiene diferentes maneras de hacer que sucedan las cosas. También me encantaba simular negociaciones o resolver el problema de alguna empresa con una nueva estrategia.

Fue la mejor decisión que pude haber tomado. Y cuando hice ese cambio de carrera seguía queriendo hacer muchas cosas. No sé de donde sacaba tanta energía. Quería emprender. Cambiar el mundo. Ser exitoso. Pero sabía que, como dicen, primero lo primero. Ese cambio de carrera vino con otra decisión importante. De ahora en adelante yo iba a pagar mi carrera.

Así llegué a mi primer trabajo (el primero formal). Por primera vez, dividí mi tiempo en solamente dos cosas: escuela y trabajo. Iba a extrañar todas las cosas que hacía en grupos estudiantiles. Pero tenía que aprender a enfocarme y a dedicar toda mi energía a mis dos prioridades.

Ese primer trabajo fue en el gobierno municipal de mi ciudad. El alcalde en ese entonces era Isidro López. Al principio, estuve en el equipo de su esposa, o como yo le digo, tía Lourdes. Luego de un tiempo, empezamos a ver que más personas la empezaron a seguir, y al equipo le gustó cómo ella empezó a mejorar su estrategia de comunicación. Por eso, decidieron cambiarme al equipo del alcalde, para hacer que él también tuviera una excelente estrategia digital.

Me encantaba trabajar con ellos. Y ahí, fue donde más aprendí.

Ahora es más fácil que antes observar lo que hace un político. Pero con la experiencia que tuve, te aseguro que hay más cosas de las que puedas imaginarte detrás de un gobierno. Cosas que no se ven en sus perfiles de Facebook o Twitter. Estuve varios años viviendo todo eso, sin el filtro de los medios de comunicación. Viviéndolo en carne propia.

Mi rol ahí no estaba para nada definido (ni quería que lo estuviera). Entré para ayudar, sobre todo, en temas de comunicación. Pero podía ser secretario particular. Escribir discursos. Planear estrategias. Opinar sobre proyectos. Publicar tuits. Producir videos. Y al final hasta pasé varios días sin dormir arreglando el último informe de gobierno porque contrataron a una empresa que no lo supo hacer.

Hay una cantidad bastante grande de cosas que no nos enseñan en la escuela. Y esas cosas parecen lo normal cuando estás trabajando. Ahí ya no es una calificación con una sola rúbrica para evaluarte. Todo cuenta. Ya no es estudiar para el examen. Es demostrar tu capacidad para hacer las cosas y solucionar problemas cada minuto que estás ahí. Ya no son semestres, ni materias, ni exámenes ni tareas. Es la vida real.

No fue fácil. Fue muy cansado. Y aún con todo ese trabajo, la tarea y los proyectos de mi escuela, cada que veía alguna junta importante en la agenda del alcalde sobre temas que me interesaban, como transporte, seguridad, o sobre nuevos proyectos para resolver los problemas de la ciudad, pedía permiso para ir. Aunque no tuviera nada que ver con mi trabajo. Si hay alguien leyendo esto que pudiera hackear mi celular, se daría cuenta de la gran cantidad de mensajes que le envié al alcalde y a su esposa preguntándoles si podría entrar a la junta de esto o aquello. Algunas veces eran temas muy serios. Para entrar, les prometía sentarme en lugar más lejano y solamente escuchar sin decir nada. El chiste era aprender.

Varias veces traté de hacer más cosas al mismo tiempo que las clases y mi trabajo. Algunas veces funcionaron. Otras no. Cada proyecto requiere tiempo. No se puede hacer todo en un día, como creía antes. Con razón nos repiten tanto la frase del que mucho abarca poco aprieta.

Sí dejé de organizar eventos y actividades de grupos estudiantiles. No había manera para mí de seguirlo haciendo. Pero mi trabajo también me emocionaba. Cuando me daba cuenta ya estaba haciendo cosas de más. También dejé de ver a mis amigos. A algunos los veía nada más en clases. Una disculpa pública a todos por las veces que cancelé planes o no les contesté los mensajes. Terminaba totalmente agotado y lo único que quería cuando había tiempo libre era llegar a mi cuarto y leer un buen libro. Para relajarme y poder desconectarme de verdad, escogía libros que no tenían absolutamente nada que ver con política, ni gobierno, ni cultura de trabajo, ni campañas digitales. Como *"El canto del cuco"* de Robert Galbraith (mejor conocido como J.K. Rowling), *"Los pilares de la tierra"* de Ken Follet (tan grande que puede servir como arma de defensa personal) y hasta *"La brújula dorada"* (de la lista de los libros prohibidos). Con eso podía poner mi mente en otro lugar.

Tampoco podía dejar de ser yo mismo. Cuando había tiempo, veía series como *"House of Cards"*, *"Sobreviviente Designado"*, *"Madame Secretary"* y *"Scandal"*, todas, historias que pasan en la Casa Blanca. Hay capítulos en los que aparecen personajes que pueden resolver cualquier crisis mundial en cinco minutos y tener todo bajo control. Esos eran mis favoritos. Y mi historial de Safari está lleno de artículos sobre estrategias digitales, de comunicación e innovación de las mejores marcas del mundo y artículos de políticas públicas que han funcionado en otros países.

Hubo días muy cansados en los que se juntaba todo. Clases en la mañana. Juntas o eventos del trabajo a medio día. Clases otra vez en la tarde. A veces eventos que terminaban en la madrugada. Y al día siguiente había que levantarse muy temprano. Sobreviví a esos días con mis licuados verdes y mis barritas de proteína. Acordarme de mis personajes favoritos de mis libros y series, y de las personas que admiro de la vida real, me ayudaba a seguir. Si ellos habían podido, ¿por qué yo no?

No siempre fui saludable. Los del equipo comíamos Rancheritos. La esposa del alcalde nos platicó que ella solo comía esa botana, porque un nutriólogo le dijo que eran de maíz nixtamalizado y que eran horneadas. No fritas en aceite, como las otras. Se fue pasando de voz en voz. Entonces en todas las juntas y en todas las camionetas había siempre una bolsa de Rancheritos. Hasta que nos dimos cuenta, después de años, que fue un engaño. Y que tenían más grasa que otras. Y ahí dejamos de comerlos (tan seguido).

En mis clases sí me organizaba, pero con un trabajo de tiempo completo tan demandante no pude tener las calificaciones perfectas que quería. Pero me las arreglaba para que me fuera bien. Hasta ese momento ya había hecho muchas cosas extras que lo compensaron. Como aprender a liderar equipos. Organizar la logística de varios eventos. Y conseguir grandes cantidades de dinero con patrocinios para poder hacerlos. Y ahora este nuevo trabajo.

Estaba conociendo a muchísimas personas. Y cada día era totalmente diferente al otro. Eso era lo que me encantaba. No había rutinas. Lo más emocionante era que podía aplicar cosas que había estado aprendiendo por años. Podía hacer un cambio.

Hubo cuatro cosas que a lo largo de ese tiempo me mantuvieron propositivo y energizado. Uno: el creer que con mi trabajo podía tener un impacto, por pequeño que fuera, en mi ciudad y en mi comunidad. Dos: tener la seguridad de que el alcalde era una persona honesta y que a diario nos recordaba el por qué estábamos ahí. Tres: el cariño y la confianza de su esposa (ella era la que me dejaba experimentar ideas y estrategias nuevas). Cuatro: me actualizaba y aprendía qué más se podía hacer.

El dinero que ganaba iba directo a mi universidad, gasolina, comidas y mucho café. No me quedaba nada para ahorrar (y aún tengo deudas). Pero yo había decidido hacer eso. Tenía que aprovechar la oportunidad que todas las circunstancias y mi esfuerzo me estaban dando. Hay personas que querían entrar a la misma universidad que yo y por cuestiones económicas no lo hicieron. Personas que estaban buscando algún trabajo y no lo encontraban. Y personas tratando de encontrar algo que les gustara y no descubrían que era. Yo tuve las tres al mismo tiempo. Cada vez que me acuerdo de eso me siento muy agradecido. Con la vida. Con Dios. Con mis papás. Con mis abuelos. Con mis amigos. Y quisiera que todos pudieran tener las mismas oportunidades, o mejores, que yo.

Cualquier estudiante en México debería de sentirse libre de poder elegir la carrera que más le guste. En la universidad que más lo apasione. Sin preocupaciones. Que trabajar al mismo tiempo sea una opción. Pero también, si alguien se quiere dedicar a ser estudiante de tiempo completo, que tampoco tenga que preocuparse por cómo va a pagar su colegiatura. Ese es el México que creo que podemos llegar a tener. Para cualquiera.

Antes, cuando me imaginaba la oficina de un alcalde, de un gobernador o del mismísimo presidente, pensaba que era como un tipo de cuartel secreto con monitores por todos lados. Indicadores actualizándose en tiempo real. Un mapa del tamaño de la pared con puntos rojos apareciendo y desapareciendo. El correo electrónico lleno de informes y resúmenes. Reproducciones de cámaras de la ciudad. Vistas aéreas. Y un equipo tomando decisiones a cada minuto.

La realidad es muy diferente. Y no es en tiempo real. En gobierno las cosas suceden como en cámara lenta. Muy lenta. Parece contradictorio, porque hay miles de temas urgentes.

Una de mis primeras desesperaciones: nadie usaba el correo electrónico. Y eso que ya es algo de hace más de quince o veinte años (nací con una cuenta de correo). Las empresas empezaron una cultura de ahorro de papel desde los ochentas. Hasta el congreso de Estados Unidos pasó una ley en el 2000 para que los documentos firmados electrónicamente tuvieran validez legal.

Cuando traté de enviar uno: ¡No! Tiene que ser en oficio impreso. ¡Ah! Membretado. Con folio. Impreso y firmado a mano con tinta azul. Con varias copias para un archivo. Y no puede faltar la firma de recibido. Demasiado anticuado y lento para esta época.

Si no se usa el correo electrónico, mucho menos algún portal o aplicación para monitorear la eficiencia, ni dividir tareas, ni calendarios compartidos. Nada de Slack, Asana, Wunderlist ni Trello. Mucho menos Google Drive, iCloud o Dropbox. Esto va en serio: ¿en qué época se quedó atorado el gobierno? Cuando hablaba de implementar algo así, solo se me quedaban viendo. Creo que no me entendían.

Yo estaba acostumbrado a que, para cualquier trámite en mi universidad, solamente tenías que iniciar sesión en internet, buscar la sección correcta, y listo. Todo automatizado. En las empresas es absolutamente normal usar este tipo de cosas. De hecho, es una tendencia enorme. Todas ellas hacen que la información entre los colaboradores fluya y sea casi instantánea. Hacen que el trabajo sea más rápido y eficiente. Mejoran en sus procesos internos, pero también mejoran en el servicio al cliente que dan. La diferencia: esas empresas se enfocan en los clientes. Los gobiernos están enfocados a otras cosas que claramente no somos los ciudadanos.

Ya sé que muchos van a seguir con las propuestas de siempre. Pero en las próximas elecciones voy a buscar y apoyar al candidato que proponga reinventar el gobierno y hacerlo un *Great Place to Work*. Eso va a ser una gran diferencia. De ser oficinas aburridas y burocráticas pueden pasar a ser espacios colaborativos, eficientes y centrados en los ciudadanos. Si nadie lo propone, hay que hacer que lo hagan su prioridad. Porque nadie va a poder resolver los problemas de esta época con esa estructura antigua que tienen.

Amo contar esto: cuando fui a Disney World todavía se utilizaban los boletos impresos para entrar. Ya no. Eso ya es anticuado. Ahora utilizas una pulsera en lugar de un boleto. Y llega con tu nombre grabado. Con ella puedes hacerlo todo. Abrir tu cuarto de hotel. Entrar al parque. Pasar por filas exclusivas. Pagar en las tiendas. Entrar a áreas especiales. Este es un ejemplo enorme para los gobiernos, porque hay mucho más.

Es toda una ciencia de análisis de datos en tiempo real detrás de las pulseras. Quienes se encargan de organizar la logística del parque, tienen una pantalla con un mapa que muestra las ubicaciones de cada pulsera. Y aquí es donde entra lo más interesante. Si en el mapa empiezan a ver que un área del parque se empieza a llenar o a congestionar, buscan rápido a algún personaje de los más famosos, como Mickey o alguna princesa, y lo llevan a la parte del parque con poca gente para que se empiecen a distribuir mejor las personas. ¡Eso es enfocarse en que los clientes tengan una buena experiencia!

El éxito de la serie de Luis Miguel fue algo inmenso. Y es otra historia de cómo una empresa funciona para las personas de este siglo.

Mis amigos. Mis familiares. Las personas a las que sigo en Twitter. Todos. Todos en domingo esperando el siguiente capítulo. Las ventas y las descargas de su música se dispararon en personas de todas las generaciones. Fue su regreso perfecto. A lo grande.

Varias semanas después de que terminó su primera temporada, se estrenó *"La Casa de las Flores"*. Y todos se la pasaban haciendo el reto de hablar como Paulina de la Mora.

Las series que están produciendo para México no son casualidad. En Netflix nada lo es. Tienen sus secretos. Y toman riesgos. ¿Qué pueden perder? Hace poco leí un artículo publicado en la revista Harvard Business Review de Michael Smith y Rahul Telang en el que hablan de cómo el análisis de datos también puede mejorar los proyectos creativos.

Así están las cosas. Netflix puede saber qué películas o series has visto. En qué minuto las pausaste. O en qué parte dejaste de verlas. Cuántos capítulos viste por día (o cuántas temporadas viste por día). Entonces empiezan a conectar esos datos. Van armando perfiles con tus gustos, hábitos e intereses. Y se enfocan en presentarte el contenido que a ti te gusta. Pero también están creando contenido para ti. Enrique Dans, en una publicación de Forbes, explica como Netflix cierra sus contratos. Por ejemplo, cuando cerraron un trato con los Obama o con Shonda Rimes para producir series. La cantidad de esos contratos no fue basada en inspiración, un sexto sentido, o intuición. Se basan en modelos que les muestran la probabilidad de éxito dependiendo de la mezcla de talento, tramas, actores y otros factores. Y no solamente saben la probabilidad de éxito. Si no que también tienen una idea muy clara de cuántos de sus suscriptores van a ver esos nuevos contenidos.

Entonces, nada de lo que está haciendo Netflix es por inspiración divina. Si crearon una serie o una película nueva es porque sus datos predijeron que funcionaría.

No nos dimos cuenta, pero cuando Netflix llegó a México, empezó con muchísimo contenido mexicano. Tanto de Televisa como de otras productoras. Así lo van haciendo en cada país. Incluyen contenido regional. Pero no es para darnos gusto. Es para medirnos. Explorar la cantidad de personas con tal o cual interés. Hacen todas sus mediciones con el contenido regional que ya existe. Y cuando tienen los suficientes datos, prenden la fábrica de series y películas. Quitan el contenido con el que estaban probando al público. Y empiezan los éxitos de su propia creación.

Estos dos ejemplos de Disney y Netflix utilizando la tecnología a su favor son para abrirnos los ojos de lo atrasados que está el gobierno. Y de la falta de liderazgos que estén dispuestos a hacer que las cosas empiecen a suceder de una manera más rápida y eficiente. Con los jóvenes de su lado para lograr toda esta transformación que se necesita en las instituciones.

No digo que el gobierno deba usar los datos y la tecnología para vigilarnos o para producir contenido que nos guste. Pero sí me refiero a usar la tecnología para mejorar las ciudades. Facilitar las cosas. Mejorar la comunicación. Ser mucho más transparentes. Y tomar mejores decisiones. Este tema me encanta. Como consultor digital se me ocurren miles de soluciones que los políticos y los gobernantes pueden hacer. No solamente aplicaciones. Se puede hacer de todo.

Ahí tienes el tema de las foto multas. Sin entrar en

discusiones ni tomar posiciones a favor o en contra, los hechos eran que en mi ciudad había muertes por accidentes automovilísticos causados por altas velocidades. Se decidió poner cámaras con radares y de un día a otro estuvieron activas enviando multas a quienes sobrepasaran el límite de velocidad. El programa salvó cerca de quince vidas al año. Pero seguía siendo un fracaso en la opinión pública. Y en cualquier conversación. El equipo nunca supo comunicar bien el programa.

Los reclamos en todos lados era que el objetivo era recaudar más dinero. Y que la multa era muy cara para las personas que ganaban el salario mínimo. Nunca entendí eso. Se supone que nadie debe de romper la ley ni las reglas básicas. Y si alguien no quería pagar multas, lo único que había que hacer era no sobrepasar el límite de velocidad. Demasiado simple.

Ya no están activas. Como siempre pasa en México: actúan con fines políticos. Se desinstalaron los radares y se eliminó el programa. En lugar de progresar con más sistemas de control para prevenir la corrupción y resolver problemas sociales, como en este caso eran los accidentes, nos fuimos para atrás.

Con situaciones así me pongo a pensar mucho sobre cómo lograremos hacer que sucedan los grandes cambios que el país necesita, si en una ciudad de un millón de habitantes no pudimos ponernos de acuerdo para lanzar un programa de este tipo. La mayoría se opuso. Aún y cuando se trataba de la vida de las personas. ¿Cuántas buenas oportunidades de mejora estaremos perdiendo por la falta de diálogo?

El hecho de trabajar y estudiar al mismo tiempo me hizo crecer mucho más. Tuve que organizar mis tiempos. Enfrentarme a la realidad. Conocer cómo son las personas mayores y darme cuenta de la gran diferencia en cómo percibimos las cosas y la manera en que podemos proponer diferentes soluciones a los mismos problemas. Sí hay una brecha generacional muy grande.

Yo lo veo de esta manera: los millenials estamos aquí para encontrar balances. Trabajar en equipo. Colaborar. Solo nosotros podemos unir nuestras nuevas ideas modernas con la experiencia que tienen las personas mayores. Si en los espacios de trabajo se lograra esto, las generaciones trabajando en equipo, de verdad, los resultados serían muy grandes y mucho más enriquecidos que si solo personas de una sola edad lo hubieran hecho. Como en todos lados, en el trabajo también los resultados son mejores cuando hay diversidad.

Me arrepiento de algo. De no haber dicho muchas de las cosas que pensaba durante todas las juntas en las que estuve. Ser el más joven de todo el equipo daba otra perspectiva a muchos de los temas que se discutían. Pero lamento que los comentarios que hacía con buenas intenciones no siempre eran bien recibidos por todos.

Cuando mis amigos empezaron a hacer sus prácticas profesionales y nos juntábamos y platicábamos cómo nos iba a cada uno, siempre salía en la conversación el tema de las juntas. Y todos teníamos algo que decir sobre eso. Esto es lo que me pasó a mí. Y a ellos también.

Al principio no decía nada. Era mi primer trabajo y estaba aprendido como era todo. Por un lado, quieres quedar bien, no tener problemas con nadie, y llevártela en paz con todos. Pero también quieres aportar buenas ideas, decir con lo que estás de acuerdo y con lo que no, y opinar si crees que algo de lo que están no va a funcionar o se podría mejorar.

A mi cuarto no llega la señal completa de WiFi a mi celular ni a mi computadora. Pero extrañamente sí alcanza para que mi Kindle se pueda conectar. No puedo ver Netflix a gusto en mi cama, pero si puedo buscar nuevos libros en Amazon. Un fin de semana me encontré con uno que se llama "La regla de los cinco segundos". Se trata sobre cómo cuando queremos hacer algo, nuestro cerebro empieza a pensar en razones para no hacerlo. Es nuestra manera de protegernos. Lo que recomiendan en ese libro es que la próxima vez que quieras hacer algo, como decir lo que piensas, levantarte de la cama o terminar una tarea, haz una cuenta regresiva en tu cabeza. Como si fueras a lanzar un cohete. Cinco. Cuatro. Tres. Dos. Uno. ¡Hazlo! Esa simple cuenta regresiva distrae a tu cerebro de pensar en los posibles peligros, en los miedos o en los posibles obstáculos.

Justo eso hice en la siguiente junta después de que leí ese libro. Cuando tenía algo que decir, en lugar de ponerme a pensar todo lo que podía salir mal o todo lo que pensarían de mí, hice la cuenta regresiva dentro de mi cabeza. Y lo dije. Fue una buena manera de comenzar. Da un poco de miedo hablar la primera vez. Están los nervios y algo de preocupación sobre el qué dirán. Acuérdate de la regla de los cinco segundos. Si tienes miedo, actúa como si no lo tuvieras. Nadie va a notar la diferencia.

Con eso agarré confianza. Y poco después empecé a hablar y proponer. Por mi edad o por cualquier otra cosa, lo que yo dijera siempre era "más complicado de hacer" o muy "primer-mundista". Nunca faltaba el que respondía con esta famosa frase a lo que yo decía: "No, porque las cosas siempre se han hecho de esta manera". Qué dilema tan grande. Muchas veces tenía que decidir internamente si valía la pena hablar, aunque a nadie le gustara lo que dijera. O quedarme en silencio. Aunque no estuviera de acuerdo.

No estaba acostumbrado a nada de eso. En las juntas que yo tenía en diferentes actividades y proyectos de mi universidad siempre se buscaba que todos opinaran para que las cosas salieran de la mejor manera.

Hubo días en que lo único que quería era renunciar. Se veía muy complicado tratar de convencer a las otras personas con tus ideas sobre cómo hacer mejor las cosas. Muchos de los que estaban sentados en las juntas tenían una mente muy cerrada. Es muy fácil detectar cuando a una persona le gusta que le den retroalimentación. Y es aún más fácil darte cuenta cuando a alguien le enoja que opinen sobre su trabajo. Ese no es mi estilo. Nunca lo ha sido. Ni el de nuestra generación. A la mayoría nos gusta recibir retroalimentación y comentarios sobre lo que hacemos. Para mejorarlo.

Enoja que no te escuchen. Y enoja más que por personas que no escuchan, no avancen las cosas como deberían. Muchas noches, cuando ya me acostaba y apagaba todo, me quedaba repasando las conversaciones o las discusiones y pensaba en cómo podía haber respondido a algo que dijeron. Yo sabía que los demás que iban a las juntas decían todo lo que pensaban y se iban sin preocupaciones. Y ahí estaba yo, horas o días después, estresado por lo que no dije. Casi hasta el final aprendí la lección de no quedarme callado. Porque de nada sirve que tengas buenas intenciones si no hay buenas acciones. Ni que estés en la noche pensando en todo lo que pudiste haber dicho. Pero no lo hiciste.

Poco a poco me fui dando cuenta de otra cosa: si estás ahí, es porque perteneces ahí. Es tu trabajo decir las cosas y hacer que funcionen lo mejor posible. Si no te tomas en serio tu rol y tus propias opiniones, nadie más lo hará. Así que en la próxima junta o la próxima vez que tengas un proyecto o alguna opinión importante, alza la voz y di lo que tengas que decir lo más fuerte que puedas.

Siempre va a ser una buena estrategia hablar y decir todo lo que piensas. Ese es tu valor agregado. Tu experiencia y todo por lo que has pasado van a definir tus ideas. ¡Y se necesitan! Por eso alguien confió en ti para que estuvieras ahí. Quedarse callado ya es fallar. Si estás en un equipo, es tu trabajo hacer que pasen las cosas lo mejor posible. Y como ciudadano, también tiene que serlo.

Me quedo con el recuerdo de haber sido el más chico del equipo y el más terco en que se podían hacer las cosas de una manera diferente. Cada que me veían llegar me decían *minion*, por ser millenial. En nuestros últimos meses de trabajo, el alcalde me preguntaba sobre lo que yo pensaba que era mejor en algunos temas. La primera vez que lo hizo casi suelto mi celular. Y le mandé un mensaje a su esposa platicándole lo emocionado que estaba porque me había pedido mi opinión en frente de todos.

Si en tu escuela, en tu trabajo, en tu organización o en tu propia empresa no te gustan las actividades que hay, inventa una. Yo eso hice cuando no me gustaban los otros grupos estudiantiles. O busca qué se puede mejorar, como lo hacía en mi trabajo. Pero siempre, siempre, participa dando un extra de ti. Sin quedarte callado. México, tu empresa, tu institución o cualquier organización de la que seas parte necesita de tus ideas revolucionarias. Y de tú manera de hacer las cosas. Porque la de los otros no nos han funcionado.

Cada que hagas eso te vas a topar con personas que se van a oponer. Toma mi experiencia en eso. Y la realidad es que esas personas que detienen el cambio, están tanto en las empresas privadas como en las instituciones públicas. En México y en cualquier país. Pero sí creo que es nuestro trabajo hacer que sucedan las cosas. Ser empático puede ayudarte a pensar en las razones por las que alguien se opone a algo. Y nunca tomártelo personal.

Defiende la persona que eres. Expresa tus ideas. Siéntete orgulloso de tu manera de hacer las cosas. Mantén una mente abierta. Habla. Di todo lo que tengas que decir. Y escucha. Invierte tiempo en ti. Busca en qué más te puedes involucrar. Siempre piensa qué más se puede hacer, aparte de lo que ya está hecho.

Ahora cada vez que alguien me dice millenial, tratando de hacer algún tipo de burla, lo tomo a mi favor. Sí. Soy millenial. Estoy apurado en buscar soluciones que nos ayuden a todos. Los problemas son muchos, muy grandes y serios como para perder el tiempo. Tenemos que actuar rápido. No vamos a estar sentados todo el día en una oficina cuando podemos estar buscando ideas, trabajando en equipo, eliminando las barreras que detienen el cambio que tanto queremos y necesitamos. Y haciendo que sucedan las cosas.

PARTE DE UN MUNDO

"Si te asusta, podría ser bueno intentarlo"

-

Seth Godin

La Magia De La Sirena

Justo el día que llegué a Varsovia, en Polonia, vi que la ciudad estaba llena de banderas azules con un compás en medio con los cuatro puntos cardinales. Era el logotipo de la Organización del Tratado del Atlántico Norte. Una organización militar que se creó en la Guerra Fría. Me pareció extraño que cada poste tuviera una. Pero estaba tan cansado por todo el viaje que había hecho para llegar ahí, que lo único que hice fue llegar al hotel, meterme a bañar y acomodar mis cosas. Era domingo. Y me quedaban pocas horas de descanso antes de que empezaran las clases de verano al día siguiente. Bañarme con agua caliente siempre es una buena idea para recobrar energía.

No podía creerlo. Por fin estaba en Europa. De verdad, llevaba años queriendo ir. Y nunca había estado en mis planes la idea de estudiar ahí.

Aplicar a ese programa de verano, un día antes de que se

cerraran las inscripciones, fue de las mejores cosas que he hecho. De esas que pasan sin pensar o planear. Y no estuve solo. Tuve el apoyo de mi mamá, de mis abuelos y de mis tíos. Antes de irme, me hablaban para invitarme a sus casas a comer o cenar. Cuando llegaba me daban un sobre con dólares o euros para completar los gastos (los regalos de cumpleaños y navidad adelantados). Tampoco me sentí solo cuando pedí el permiso especial en mi trabajo. Con muchos nervios, una noche, fui a casa del alcalde y su esposa. Les había dicho que tenía que hablar muy seriamente con ellos. Les platiqué la idea que tenía de irme a estudiar durante casi dos meses. Y para mi sorpresa se emocionaron más que yo. Me dijeron que no me preocupara y que aplicara. Al cabo que muchas cosas podía hacerlas desde mi computadora, estuviera en donde estuviera.

Así que ahí estaba. Cumpliendo un sueño más.

Durante lo que quedaba del día, fueron llegando el resto de estudiantes que también estaban en el mismo programa. Todos éramos mexicanos. Y del Tec. Pero de diferentes ciudades y campus. Solo nos conocíamos por los mensajes que nos habíamos enviado por un grupo de WhatsApp. Nos íbamos presentando y luego salimos a conocer la ciudad. Después de comer, lo segundo más importante: conseguir internet. Nadie tenía. Después de estar buscando varias opciones, encontramos unos chips para el celular que costaban diez zlotys, que son como cincuenta pesos. Y nos daban 12 gigabytes para navegar. El internet más barato de toda mi vida. Volvimos al hotel y cada uno se fue a su cuarto. Los coordinadores de la universidad nos enviaron por Facebook las instrucciones y el horario para el día siguiente. Casi no pude dormir de la emoción.

El sol se metía a las once de la noche. Y amanecía desde las tres o cuatro de la mañana. A las ocho bajamos. El desayuno me encantó. Tenía mucha variedad como para hacer combinaciones diferentes cada día y no repetir. Y era saludable. Había verduras, huevo, fruta y muchos diferentes tipos de salchichas. Hasta unas de color negro que nadie quería probar. En las mesas seguíamos platicando sobre nosotros y de dónde éramos.

Después del desayuno llegó Lukaz, el coordinador de todo el programa. Tenía como unos treinta años. En el primer tour que nos dio por la universidad y por los lugares importantes de la ciudad, nos dimos cuenta de que le apasionaba la historia. Y aparte a todos nos caía muy bien.

También estaba Kassia (una réplica de Marilyn Monroe). Ella aún era estudiante, pero cuidarnos era parte de su servicio social o algo por el estilo. Es una de las personas más amables y sinceras que conozco. Y Annia, también estudiante. Muy responsable pero más directa y franca. Cualquier cosa se las podíamos preguntar a ellas. Y les gustaba salir y platicar con nosotros.

Después de tomar varios autobuses y caminar un poco, llegamos a nuestra escuela. La Universidad de Varsovia. Simplemente me encantó. La entrada es tan elegante e inspiradora como las de las mejores universidades. Tiene un águila con una corona, rodeada de cinco estrellas. Y a los lados tiene las estatuas de Athena y Urania. Se supone que cuando entras, estás bajo la protección de la diosa de la sabiduría y la diosa del conocimiento del universo. La construyeron en 1816. Así que ya podrás imaginarte el tipo y estilo de arquitectura que tiene.

Acabamos el tour y Lukaz nos invitó a un restaurante del centro. Sin preguntarnos nos pidió a todos shots de vodka. Quería asegurarse de que probáramos del mejor. Luego seguimos caminando y probando la comida callejera mientras nos platicaba curiosidades de la ciudad. El centro era hermoso, colorido y el más pintoresco que recuerde.

Caminando volví a ver que todos los faroles y postes tenían las banderas de la OTAN. Así que le pregunté a Kassia sobre eso. Como si necesitara aún más cosas para incrementar aún más mi emoción por estar ahí, me dijo que habría una convención con todos los jefes de estado que forman parte de la OTAN. Por eso toda la ciudad se estaba preparando para eso.

Hasta ahí, había sido el mejor viaje de mi vida.

Unos días antes, había estado en Londres. Llegué justo en la mañana que estaban despertando con la noticia de que Brexit se había hecho oficial. La noche anterior habían sido las votaciones en todo Reino Unido. La estación de trenes King Kross fue lo primero que visité, porque ahí llegué. Pero de ahí me fui directo a 10 Downing Street. El edificio en donde vive el Primer Ministro mientras esté en el cargo (los tipos de lugares que, según mis amigos, solamente me gustan a mí). En ese momento el Primer Ministro era David Cameron. No pude acercarme mucho por la gran cantidad de reporteros que estaban ahí esperando alguna declaración oficial. Unas horas más tarde supe, por las noticias, que justo en ese lugar en el que yo lo había estado esperando, salió para anunciar su renuncia. David había pedido el respaldo y el voto de los ingleses para permanecer en la Unión Europea. Pero había ganado la opción de salir, con un 52% de los votos. Para él, significó una pérdida de liderazgo.

Claro que también visité Tower Bridge, el palacio de Buckingham y Soho. Hasta vi el musical de Wicked y me tomé fotos en frente del teatro en donde se está presentando la obra de Harry Potter.

Después de Londres, estuve en Bruselas, o como le dicen, la capital de Europa porque prácticamente ahí se deciden las políticas y acciones de toda la Unión Europea. El museo Parlamentarium es perfecto para cualquier persona como yo que quiera conocer más detalles y entrar a fondo en el tema de la UE. Es interactivo y moderno. Afuera había una galería gigante en el techo con fotos de líderes mundiales como Malala. Otro lugar para inspirarse.

En medio de la Gran Plaza sentía que había viajado en el tiempo al siglo XV. Me quedaba a diez minutos caminando. Así que fuera a donde fuera, tenía que pasar por ahí. Al contrario, cuando estaba debajo de la molécula gigante de metal que se llama Atomium, sentía que estaba en 2050.

Y no se me olvida que pasé un día entero tratando de llegar a las oficinas centrales de la OTAN. Tiene una explanada gigante con las banderas de todos los países que son miembros. Pero por las reparaciones en el sistema de transporte no pude llegar. Me desesperé, pero nada que los waffles más ricos del mundo o unas papas fritas no pudieran calmar. Ahí aún no sabía que, aunque yo no había podido visitar la OTAN, la OTAN iría a mí.

La OTAN nació en 1949 como un grupo de países europeos aliados. Y otro más: Estados Unidos. El objetivo de la organización en ese entonces era crear un grupo grande de países para promover el sistema democrático contra el comunista. También eran aliados militares. Si algo sucedía, se defenderían como uno solo. En respuesta a la OTAN, los países soviéticos firmaron en 1955 el Pacto de Varsovia y se creó la URRS. Aunque antes hubiera parecido totalmente imposible que sucediera, después de todo lo que sufrieron y lograron ser una democracia, Polonia se unió a la OTAN en 1997.

Las cosas ya son muy diferentes a la época de la Guerra Fría. Ahora hasta Trump amenaza a sus aliados con sacarlos de esa organización si no pagan lo que deben por la protección militar que les han dado. Así que no te preocupes. No somos el único país con conflictos con nuestros vecinos.

Ahora en Polonia, además de todas las cosas que ya tenía planeadas, tenía la oportunidad de encontrarme "casualmente" con alguno o varios de los líderes mundiales más importantes del mundo. Barack Obama, Justin Trudeau, Ángela Merkel, y otros 25 jefes de estado y de gobierno, reunidos, para discutir temas de seguridad, presencia militar, crisis migratoria, desarmamientos nucleares y otros. Todos ellos en una convención en la ciudad en la que iba a pasar el resto del verano. Algo tenía que hacer para conocerlos. Y, por si fuera poco, también el Papa Francisco iba a visitar Polonia ese mismo mes para celebrar la Jornada Mundial de la Juventud.

Oficialmente, ese viaje se había convertido en el mejor de toda mi vida. ¡Qué bien me había recibido Europa!

En uno de los autobuses que tomábamos a diario para ir a la universidad, vimos algo que no esperábamos. Una señora polaca de la tercera edad, con una cachucha roja y con el logotipo del PRI. ¡Era una gorra de la campaña presidencial de Zedillo! ¿Cómo había llegado hasta allá? ¿Y por qué la usaba? Fue algo muy extraño. Y nunca supimos cómo pasó porque la señora no hablaba inglés. Así que solo nos quedó reírnos un rato y seguir nuestro camino a clases.

En la Universidad de Varsovia tuve a los maestros más inspiradores. Estudiamos temas como multiculturalismo, migración y derecho internacional. Y el tema que en ninguna clase (o noticiero) faltaba: Brexit. El mundo quería saber qué iba a pasar. Después de todo la Unión Europea es el único organismo supranacional en el mundo y en ese entonces estaba pasando por una crisis en la que todos se cuestionaban si se podría o no cumplir su propósito. El sueño de Winston Churchill de una Europa Unida. O como el la llamó, los Estados Unidos Europeos.

El lema de la Unión Europea es "Unidos en la diversidad". Un solo himno. Una sola moneda. Una sola bandera. Una sola economía. Un solo socio comercial para el resto del mundo. Un solo pasaporte. Y el libre flujo de sus habitantes. Hoy en día cada país con sus problemas internos. Estaba la recesión económica en Grecia. Gran Bretaña acababa de votar por salir. Italia no crecía mientras que Portugal lo hacía a la mitad de lo esperado. Y sumado a todo eso, estaba, y aún lo está, el gran problema migratorio.

Jan Zielonka, profesor de la Universidad de Oxford, publicó un artículo de todo lo que se esperaba que fuera la Unión Europea cuando ésta inició. Como ser la economía más competitiva del mundo. También se suponía que debía hacer prevalecer el "consenso de Estocolmo" sobre el "consenso de Washington". No deja de lado los buenos resultados que han obtenido, pero se reduce a pocos países y pocos temas. Como el buen desempeño económico que han tenido Alemania, Austria y los Países Bajos. El euro, como él lo explica, parecía un éxito al principio. Una sola moneda lograba proteger a Europa de la volatilidad financiera. Pero ahora parece que usar una sola moneda logró lo contrario. Hizo notar las diferencias y los conflictos entre los países con superávit y déficit, los importadores y exportadores, y el norte y el sur. Y su artículo termina diciendo cómo uno de los propósitos también era terminar con el poder político. Y ahora vemos como la política de Europa sigue siendo liderada por los países poderosos y ricos.

En Bruselas, la guía del tour que tomé, nos dio su opinión sobre eso. Desde su perspectiva, la Unión Europea debió de haber empezado por la unión cultural. Y así se habría prevenido lo que estaba pasando.

Aún es imposible saber si funcionará. Pero nadie puede decir que no están tratando. Si lo logran, quien dice que México en el futuro no pueda ser el líder de una unión latinoamericana.

México tiene muchas similitudes con Polonia. La mayor parte de la población pertenece a la religión católica. Y es de los pocos países en la Unión Europea con una economía que se dedica principalmente a la industria manufacturera. Hasta los precios son básicamente los mismos (pero en zlotys). Fue un alivio para mi cartera cuando llegué ahí y dejé de gastar diez libras por un combo de hamburguesa con papas.

En las calles, los carros que veía pasar no eran de lujo ni de marcas muy exclusivas. Como en Londres que pasan miles de carros Mercedes Benz o camionetas Range Rover por segundo. Y las calles no son pasarelas de moda como en París. Pero las personas, sí son de otro mundo.

Desde que puse un pie en ese país pude darme cuenta de algo. Aunque las nuevas generaciones, los más jóvenes, son inspiradoramente apasionados, enérgicos y globalizados, los más grandes, las personas de la tercera edad, son lo contrario.

Podías hacer amigos en cualquier lado. Los de mi edad estaban abiertos a escuchar tu historia y todo lo que tenías por contar. Siempre sonriendo. Y aman a los mexicanos (en donde sea). Aunque los acabara de conocer, se emocionaban y me platicaban a qué se dedicaban y cuáles eran sus metas. Y nos pasábamos contactos para después juntarnos. Me llenaban de energía y buenas vibras. Ojalá en México algún día lleguemos a un punto como ese, en el que todos nos sentimos emocionados y apasionados por lo que cada uno hace.

Y están las personas de la tercera edad. Con ellos no era así. Son absolutamente diferentes.

El primer día que llegué, como no tenía internet, no encontraba cómo llegar al hotel. Me imagino que como era temprano, no había tantas personas de mi edad levantadas. Pero sí había muchos adultos mayores. Hasta después entendí el por qué, pero ese primer día veía puras caras serias y severas. Miradas muy fuertes. Como si estuvieran muy enojados todo el tiempo o planeando hacer algo malo. Me dio algo de miedo. Y cuando por fin me animé a hablarle a uno para preguntarle qué autobús tenía que tomar, solo agitó la cabeza para decirme que no. No entendía inglés. Y su cara me hacía entender que le había molestado que le dirigiera la palabra.

Aunque encontraba similitudes entre México y Polonia,

nuestras historias son totalmente distintas. Pasé del miedo a la compasión cuando entendí, estando ahí, lo reciente que fue el fin de la Guerra Fría, la caída del muro de Berlín y la absolución del comunismo. Y antes de eso, el holocausto. Quizá sea que por estudiar esa época en los libros de historia o verlo solamente en películas o documentales, creemos que fue hace siglos. Y los mexicanos quizá lo veamos aún más distante porque no sufrimos nada de eso.

Somos afortunados. Nuestra independencia fue en 1810. Polonia, en una ocasión hasta desapareció del mapa, y fue hasta 1918, cien años después, cuando gracias a algunos sucesos como la revolución rusa, la derrota de Alemania y el fin del Imperio Austrohúngaro, pudieron reclamar su independencia. Casi inmediatamente sufrieron la ocupación Nazi. Y después los horrores de la segunda guerra mundial. Soportaron una cosa tras otra.

Las personas de la tercera edad lo reflejan. Con sus ojos y miradas lo dicen todo. Sus corazones aún están ocupados con todo el sufrimiento y los horres que vivieron ellos y sus familiares. No están acostumbrados a los extranjeros. No les gustan. Y eso es perfectamente comprensible. Los estuvieron atacando una y otra vez.

Y si algo pudo abrirme aún más los ojos para entender eso, fue la visita a los campos de concentración en Auschwitz. Algunos del grupo no sabíamos si podríamos tan si quiera entrar. Íbamos todos muy serios. El día de nuestra visita estaba nublado. Muy oscuro. En el camino sentí que perdía energía cada que nos acercábamos más. Y justo cuando llegamos al lugar, empezó a llover. Nos bajamos del autobús que nos llevó, y si decir nada, caminamos a la entrada. Reconocí el lugar inmediatamente. Lo había visto en muchas películas y documentales. Ahora era real. Estaba ahí presente. Sentí tristeza e impotencia. No solamente fue un campo de concentración. Fue un campo de exterminación. Un lugar que siempre será un símbolo de terror y genocidio. Uno de los peores lugares en la historia de la humanidad.

Estaba el letrero redondeado que decía "Arbeit macht frei". El trabajo te hará libre. La cruel e icónica frase en la entrada de ese y muchos otros campos de concentración nazis. Y empecé el mismo recorrido por el que los judíos y polacos habían sido obligados a hacer. Caminar por ese lugar fue caminar por donde un poco más de un millón de personas fueron exterminadas. Estaba viendo con mis propios ojos lo que habían visto todos ellos por última vez en sus vidas.

Quisiera poder borrar de mi mente que entré a los mismos sótanos y a las mismas cámaras de gas en donde tantas familias habían sido llevadas para luego ser asesinadas. No puedo ni imaginarme lo que sintieron cuando estaban ahí. En sus últimos segundos de vida. Esperando que sucediera lo que tanto temían. Con los últimos recuerdos e imágenes de sus papás, de sus hijos o de sus hermanos en mente. Pensado en todo lo que pudo haber sido. Pero que no fue. Y que estaba por acabar de la peor manera posible.

Hay que aprender de la historia. Incluso de los momentos horrorosos que hay en ella. Siempre va a estar la posibilidad de que se repita. "Si ya pasó, puede volver a suceder", está escrito en uno de los muros.

A causa de todo lo que pasó ahí, hay familias incompletas aún hoy en día. Por eso todo sigue tan presente en sus corazones. Porque son los sobrevivientes de esa terrible época. Los adultos de la tercera edad en ese país, y en algunos otros, son los papás que se quedaron sin sus hijos. O son los hijos de los que se quedaron sin sus padres. Aunque nos parezcan fríos y distantes, lo que más quisieran es volver en la historia para volver a estar con sus seres queridos que les fueron arrebatados de una manera espantosa. Desearían estar en paz con ellos. Felices. Abrazados.

Aunque tal vez por sus semblantes veíamos que no les agradaba que estuviéramos en su país, les teníamos un profundo respeto. Han sido enormemente fuertes y resilientes. Y se han encargado de mejorar la situación que ellos vieron para que las futuras generaciones estén mejor de lo que estuvieron ellos. Y no han tenido que esperar años para ver esos cambios. Ya les tocó ver cómo es vivir en una democracia. Con una juventud vibrante y energizada. En una Europa unida. Y en una época en la que, por fin, ya no se tienen que esconder ni andar con miedo. Tal vez en esas caras y miradas y serias, en el fondo están las sonrisas. Tal vez se dicen a ellos mismos: "Lo superamos. Lo hemos hecho bien. Lo logramos".

Unos días después de mi visita a Auschwitz, el mundo vio en las noticias la histórica visita del Papa Francisco a ese mismo campo de concentración. Nunca antes uno había visitado ese lugar. Dio un recorrido en silencio. Un recorrido reflexivo. Y de oración. Lo entiendo. No hay mucho que decir cuando estás ahí. Y, al contrario, hay mucho de lo qué pensar. "Me gustaría ir a ese lugar de horror sin discursos, sin multitudes. Solo. Entrar. Orar. Y que el Señor me dé la gracia de llorar", dijo antes de llegar. Después de hacerlo, sus únicas palabras públicas fueron las que escribió en el libro de firmas de visitantes: "Señor, ten piedad de tu pueblo. Señor, perdona tanta crueldad ".

Nunca lo había visto de esta manera: el 51% de la población en todo el mundo tiene menos de 30 años. ¡Los jóvenes somos mayoría! Podríamos cambiar las cosas si nos lo proponemos. En serio.

Pero aquí hay un problema. De los miles de congresistas, representantes y personas con algún cargo público, solamente el 2% tienen esa edad o son de esta generación. No podemos hacer mucho si eso sigue así.

En 2016 la Organización de las Naciones Unidas lanzó una campaña llamada *"Not Too Young to Run"* para lograr que más jóvenes participaran en las decisiones importantes de su país. Y lo están tratando de hacer de la mejor manera: motivándolos a lanzarse por un cargo público. La frase pegajosa de la campaña era: "Creemos que, si eres lo suficientemente grande para votar, eres lo suficientemente grande para lanzarte por un cargo". Ese mismo año conocí en Polonia a dos personas que le dieron un impulso a esa causa de la ONU. Y que me hicieron creer, aún más, que los jóvenes no debemos de ponernos límites. Ni dejar de actuar.

Uno de los edificios más emblemáticos en Varsovia es el Palacio de Cultura y Ciencia. Fue construido en 1955. Con la primera mirada que le das, te das cuenta de que tiene un diseño absolutamente soviético. Con la historia que tiene ese país, ha sido difícil no demolerlo. Porque es un mal recuerdo de la época comunista. Si por algo no lo han hecho, es para no olvidar su pasado. Y evitar que vuelva a suceder. Ahora es sede de diferentes tipos de oficinas, tiendas de libros, salas de cine y hasta tiene alberca. Me puse mi ropa favorita para ir ahí: una camisa blanca, pantalón azul y zapatos cafés. Simple. Subimos el elevador de ese imponente edificio. Y justo en el piso de donde se podía ver por las ventanas la ciudad entera nos topamos con una muchacha más o menos de mi edad. Cabello rubio. Saco negro. Creí que era la asistente de la persona que estábamos buscando. Hasta que Lukaz, que nos iba acompañando, nos la presentó formalmente. ¡Era ella! Aleksandra Gajewska. A los 21 años ganó su primera elección para ser diputada del consejo del ayuntamiento. Lo que aquí en México sería un regidor. Instantáneamente sentí una gran admiración.

Nos sentamos en una sala muy ejecutiva. En la que ella y los demás diputados tienen sus reuniones. Pero ahora era toda para nosotros. Cada escritorio tenía un micrófono para que todos escucharan tu voz. Aleksandra nos contó cómo ganó, el trabajo del que se encargaba ella y cómo funciona el gobierno y la política en Polonia. Como en las clases, era el único que estaba apuntando todo y haciendo preguntas. Estaba muy emocionado por todo lo que estaba aprendiendo. Pero más porque tenía en frente a una persona que era la demostración, en vivo, de que, si eres lo suficientemente grande para votar, eres lo suficientemente grande para ser votado, como decía la campaña de la ONU.

Todavía sigue siendo uno de mis ejemplos a seguir. Por lo que nos contó Lukaz, Aleksandra se ha ganado el respeto de muchos políticos y gobernantes de Polonia. Y ahora me daba cuenta del por qué. Parecía de mi edad, pero también parecía la persona más profesional, diplomática y experta en las políticas públicas de la ciudad. Y lo era. Al final me tomé una foto con ella y la publiqué en mi cuenta de Instagram con el hashtag #HillayClinton2 junto con mi predicción de que ella sería la próxima presidenta de Polonia. Todavía apuesto a que sí.

Esa noche no podía dormir. Saqué de mi maleta una libreta negra que había comprado en un mercado de Edimburgo. Agarré mi computadora. Y bajé al bar del hotel. No para tomar vodka. Para trabajar con un rico café. Tenía demasiadas ideas. Si no aprovechaba para escribirlas, se me olvidarían y nunca las haría. En una hoja anoté lo que se me estaba ocurriendo para hacer en mi trabajo cuando volviera a México. En otra hoja, escribí "temas para libro". Fue la primera lluvia de ideas para un futuro libro sobre todo lo que pensamos los jóvenes del país y lo que podemos hacer para cambiarlo. Aunque lo empecé a escribir justo dos años después, ahí empezó todo lo que ahora estás leyendo. Desde entonces no he perdido la esperanza en nuestra generación.

Más noche nos juntamos en un cuarto. Pedimos pizza. Fuimos a comprar papas (sin sabor) y un bote de salsa Tabasco sabor jalapeño (la única que encontramos). Sabían horribles. Pero era lo más cercano que encontramos a algo picosito y acidito. Y nos quedamos toda la madrugada platicando y atacados de la risa, tomando coca en tazas de café y tratando de abrir una botella de vino con un zapato. Sin éxito.

Qué buenos tiempos.

Y las personas inspiradoras no dejaban de aparecer. En uno de esos días de clases en la Universidad de Varsovia, también llegó al salón Kinga Gajewska para contarnos su historia. Pero no duramos tanto ahí. Nos sacó del salón y nos fuimos caminando al lugar en donde ella trabajaba.

Se fue por la grande. No vio límites, creyó en sí misma y en su capacidad para representar a todo un país. Y a los 24 años lanzó su campaña para ser miembro del parlamento. No del de Polonia. Creía tanto en su poder de hacer un cambio, que se lanzó para estar en el Parlamento Europeo. Nos contó que en ese entonces aún estaba estudiando. Esperaba que sus compañeros y maestros la apoyaran. Pero no fue así. En medio de su campaña, se burlaban de ella. Le decían que obviamente iba a perder. Un maestro habló seriamente con ella y le apostó que no obtendría ni mil votos. ¿Siglo veintiuno y adultos tratando de desanimar a los más jóvenes? No gracias.

De hecho, perdió la elección. Pero ahí no terminó su historia. Cuando perdió, se ganó el respeto de los que se burlaban de ella. Porque, aunque no logró llegar al Parlamento Europeo, consiguió muchos más de los votos que esperaban que obtuviera. Le pidieron perdón. La felicitaron. Y la animaron a que volviera a intentarlo.

Unas cuadras después, llegamos caminando al parlamento. Porque al año siguiente de que perdió, se volvió a apuntar y ganó la elección para ser miembro del Parlamento de Polonia. En México sería como el Senado de la República. ¡A los 25 años y ya en el Senado! La sigo en Instagram. En las fotos que sube, con otros líderes nacionales e internacionales, siempre es la más joven. Y la más prometedora.

Si le hubiera preocupado lo que pensaban sus compañeros y conocidos, quizá nunca se hubiera lanzado para nada. Si no hubiera sido lo suficientemente fuerte como para aceptar los primeros resultados, ver qué había hecho mal, y agarrar energía para hacerlo de nuevo, nunca hubiera llegado a la oficina que tiene ahora en donde puede representar a una gran parte de la población y tomar decisiones que afecten al país entero. Y lo que más me emociona es que está ahí para representar a los jóvenes de mi generación y a las mujeres.

Noté algo especial en ella: era muy auténtica. Transparente. Sin pena. Eso es lo que tenemos que hacer los jóvenes en México. Amar lo que hacemos. Y ser nosotros mismos. A veces tratas de actuar como alguien mayor o alguien diferente para encajar en algún estereotipo. Como algún puesto de trabajo. Ella tenía la opción de portarse como los demás políticos que estaban con ella en el senado. Todos mayores de cincuenta o sesenta años. Serios. Aburridos. Y reservados. Pero si algo ha hecho que se gane la confianza de sus votantes, es que es ella misma. Se ve reflejado en cada discurso que da, en cada causa que apoya y en cada iniciativa por la que vota.

En su historia hay muchas lecciones que aprender sobre cómo ser fuerte y resiliente. Sobre todo, si eres uno de los pocos jóvenes en México que acaba de lanzarse por algún cargo público, sin éxito (hola Pedro Kumamoto). Debes de saber esto: tu historia cambiando México aún no termina. Así como la de ella no terminó en su primera derrota. Y si eres uno de los que aún no ha participado nunca en una elección, pero ves alguna posibilidad, por más pequeña que sea, de lanzarte algún día por algún cargo público, porque confías en tu capacidad para mejorar las cosas, debes de saber que habrá un gran número de personas que te no te apoyarán y harán todo por desanimarte, y otro gran número de personas que te apostarán todo por ti y el cambio que representas. ¿Pero quién es más fuerte? A la larga, siempre, el que hace el bien. Tal vez funcione al primer intento. Tal vez hasta el segundo, tercero o cuarto. Adam Grant, uno de mis escritores favoritos, publicó en Twitter algo sobre eso:

"Si defines el éxito en términos de ganar o perder, ya perdiste".

Si lo defines en términos de aprender, ya ganaste. Porque en cada fracaso se puede hacer un análisis de lo que pasó. Y con eso habrás aprendido la gran lección que la vida te quería dar. Y sabrás hacerlo mejor en el próximo intento.

Depende de ti. Cualquier plan que tengas. Y por más difícil e inalcanzable que parezca, atrévete.

México necesita que los jóvenes empiecen a cumplir sus sueños.

Investigué los horarios y los hoteles en los que se estaban alojando los jefes de estado. No había mucha información. Las convenciones de la OTAN son privadas. Esos días había despliegues de seguridad por todos lados. Tres o cuatro helicópteros en el cielo. Calles cerradas. Cambios de rutas en el transporte público. A los polacos les molestaba. Creían que cuando todos los presidentes y primeros ministros estuvieran reunidos, habría algún ataque terrorista ruso. Una bomba o algún atentado. Yo estaba cada vez más emocionado por la oportunidad única de conocerlos.

Kassia nos avisó que durante esa semana no podría acompañarnos a nada. Iba a estar trabajando como practicante en la convención de la OTAN. Le supliqué que me diera más detalles. Aunque es la persona más amable y sonriente que he conocido en mi vida, no pudo contarnos nada. Había firmado un acuerdo de confidencialidad. Su profesionalismo, ante todo. No pudo ni contarnos cuál era su trabajo ahí.

En internet encontré la hora a la que Obama iba a aterrizar. Mi hotel estaba justo sobre la carretera al aeropuerto. Era un buen spot para tratar de ver todo lo que pasaba. Dieron las dos de la mañana y bajé al lobby. Había una multitud de personas. Y todos los canales nacionales estaban justo ahí instalados. Mientras llegaba Obama, empecé a platicar con los que estaban ahí afuera. Algo muy fácil de hacer con las personas de Polonia.

Se empezaron a escuchar gritos. Y todos se empezaron a mover. Pasaron como unas cincuenta motos y luego cincuenta carros de la policía de Varsovia. Todos con sus luces azules y rojas parpadeando. Luego, unas veinte camionetas Suburban negras. Dos helicópteros. Y luego pasó "La Bestia". Así se llama el carro del presidente de los Estados Unidos. El más seguro del mundo. Puede aguantar choques, ataques, y dicen que hasta tiene armas incluidas. Como en las películas de James Bond. Lo grabé todo. El carro no se detuvo. Era de noche y no se podía ver a través de la ventana. Pero ya tendría más días para perseguirlo. Y conseguir una selfie.

Cuando desperté, vi una foto en Instagram de que Obama había ido a desayunar a un restaurante mexicano en el centro de Varsovia. ¡¿Cómo no estuve ahí?! Decidido a que no me volviera a pasar, me quedé horas esperando en la entrada de su hotel a que llegara. Pero su equipo de seguridad tenía otra entrada para mantenerlo seguro. Parecía imposible acercarse a él. Mejor me fui. Luego de que me rendí, otro amigo del grupo de mexicanos hizo lo mismo. Estuvo varias horas esperando en el mismo lugar hasta que también se dio cuenta que era imposible.

En los días que duró la convención, los presidentes y jefes de estado, discutieron temas nucleares, migratorios, las posiciones de las tropas militares y más temas que tenían que ver con la seguridad de los países europeos. Al final, no pudimos ver a ninguno de ellos. Mala suerte. Pero nadie nos quitaba la emoción de estar en la ciudad más importante en el mundo en ese momento. La mencionaban en todos los noticieros. Al menos en Twitter, podíamos verlos dando declaraciones y discursos. Llenos de banderas a sus espaldas.

Polonia es todo un ejemplo. Con su historia devastadora, están progresando. Su crecimiento tal vez no sea tan grande como el de China, Corea u otras regiones de Europa. Pero tampoco han tenido la misma historia que ellos. Hay que ser justo con las comparaciones. Y sí. Están creciendo mucho más que México. Aún y con el hecho de que la historia ha sido mucho más amable con nosotros.

Éramos un país que estaba progresando en los noventas. De hecho, en cada época lo hemos hecho. Mil ochocientos diez: empezó nuestra independencia y el camino a nuestra libertad. Cien años después: la revolución. Y desde entonces hemos vivido en una democracia (hay algunas señales que hacen parecer que estamos por perderla; no podemos dejar que eso pase). Países que no llevan ni veinte o treinta años con ese sistema de gobierno, ya se nos están adelantando.

¿Cuándo nos estancamos?

No tenemos que tocar fondo para reaccionar. Y no me gusta escuchar a las personas que hasta se sienten orgullosos cuando dicen que las cosas se van a quedar como están. Las que dicen que no vale la pena intentar. Ni participar en organizaciones no gubernamentales. Ni exigir al gobierno o participar en él. Ni hacer las cosas bien. Los que son corruptos porque piensan que todos lo son.

Y cada que pienso que los jóvenes no pueden hacer algo para que esto cambie, me acuerdo de las historias de Kinga y de Alexandra. Dos mujeres. Las más valientes de su generación. Logrando cada vez más.

Cada que pienso que México no podrá salir adelante nunca, me acuerdo del poco tiempo con el que Polonia se ha recuperado de su devastadora historia. Y cada que pienso que algo que estoy haciendo es insignificante, me acuerdo de cómo allá cualquier persona, se dedicara a lo que se dedicara, estaba totalmente entregada y orgullosa de ello.

Por eso no me quería ir de ahí. Fue un lugar que me cambió. Me hizo ver las cosas de una manera muy diferente y creer más en que cualquier persona, sin importar la edad, puede cambiar el mundo.

Pero tenía que regresar a mi trabajo. A terminar los semestres que me faltaban para terminar mi carrera. Y a seguir con mi vida.

Mucho más inspirado que nunca antes.

"Si haces lo que siempre has hecho, recibirás lo que siempre has conseguido"

-

Tony Robbins

Cruzando El Río Han

¡Qué coincidencia! Era 21 de junio. Ese día había tomado mi vuelvo a Europa un año atrás. Y ahora, justo ese mismo día, estaba tomando un vuelo a Asia. ¿Qué podía hacer? Me encantó viajar.

Luego de visitar varios días Tokio, llegué a la Universidad de Seúl, en Corea. Nos dieron las llaves, y cada uno fue buscando su habitación. Cuando entré, lo primero de lo que me di cuenta era que las camas no tenían cobijas ni almohadas. Al llegar de un viaje largo, lo primero que quieres hacer es dejar todas tus cosas. Descansar un poco. Relajarte. Y salir a conocer. Parecía una broma. En los pasillos todos ya estaban de mal humor.

Como en otros programas, la universidad nos asignó a estudiantes coreanos para que nos ayudaran a instalarnos y adaptarnos a la cultura. Solo que como esta vez éramos más de 150 estudiantes extranjeros, había muchos más coreanos con nosotros. Les llamábamos *seoulmates* (por el nombre de la ciudad).

Se quedaron con cara de duda cuando bajamos al lobby de los dormitorios para preguntarles sobre nuestras camas. Al parecer, nos habían mandado un correo electrónico varias semanas antes, avisándonos que teníamos que llevar nuestras propias cobijas, almohadas y colchas con nosotros. Aunque el correo se había perdido (como algunas tareas que nunca le llegan al maestro), no iba a ir desde México cargando cobijas. Siempre viajo ligero. Solo con una maleta *carry-on* que cabe arriba de mi asiento en los aviones.

En la noche, mi *seoulmate* y yo, fuimos caminando a uno de los centros comerciales más cercanos. Íbamos platicando de nuestros países y sus diferencias. Me dijo que le gustaban los tacos, y que había tomado clases de español. Me dio algo de pena porque parecía que mi *seoulmate* sabía mucho más de la cultura mexicana que yo de la cultura coreana.

Llegamos a Lotte Mart, que sería algo así como Wal-Mart o HEB. En ese entonces no sabía que esa marca la seguiría viendo por todos lados. Lotte tienen edificios, dulces, hamburguesas, cines y centros comerciales. Hasta un parque de diversiones que se llama Lotte World, con un castillo en medio. ¿Alguien habrá visto su parecido con Disney World? Me fui dando cuenta que allá las empresas se diversifican mucho. Como Samsung. Conocemos sus celulares y algunos de los aparatos electrodomésticos que fabrican. Pero en Corea hasta venden sus propios carros. Aunque habíamos ido en grupos separados, ahí estábamos todos los extranjeros del programa de verano en Lotte Mart. Comprando lo mismo. Unos con el paquete completo de cobijas, sábanas y almohadas. Otros no querían gastar y se llevaron la almohada más chica y dura que encontraron y una manta. Y en el departamento de toallas no sabíamos si reír o llorar. Las únicas que había eran del tamaño que en México utilizamos en los baños para secarnos las manos. Ni modo. No había otra opción. Pagamos y buscamos el primer puesto de comida abierto a esa hora. Y luego volvimos agotados a la universidad. Directo a nuestros dormitorios. Por fin pudimos acostarnos.

En el grupo de Facebook que teníamos, los maestros preguntaron que quién quería ser el voluntario para dar el discurso de bienvenida al día siguiente. Respondí con un comentario en la publicación que yo me apuntaba. Tenía algunas ideas. Pero estaba tan cansado que mejor me dormí. Hasta que desperté me puse a escribir el discurso. Y practicarlo. Quería decir algo con lo que todos se relacionaran, sin importar de que país vinieran.

Me presentaron y lo primero que dije cuando me paré en el pódium fue esto: "Espero que para estos momentos ya todos tengan sus cobijas y almohadas para sus camas después de las compras de pánico ayer a media noche". Primero, eso nos había estresado y puesto de mal humor a todos. Ahora ya se había convertido en nuestro chiste local.

También quería dar las gracias a los *seoulmates*. Hacían un gran esfuerzo en ayudarnos y en estar disponibles a cualquier hora. Y estaba muy emocionado por las clases que iba a tomar y por los lugares que iba a visitar. En México, ya había estudiado el caso de éxito de Corea. Hace 50 años estaban entre los países más pobres del mundo. De hecho, su economía se comparaba con la de algunos países en África. Ahora es una de las mejores y más fuertes. Es una historia de las que más me gusta contar. Aparte, quiero el éxito que Corea tuvo, para México.

"Seúl es una ciudad impresionante. Y Corea un país con una historia sorprendente. Con un único presente. Y con un futuro muy prometedor. Soy de México. Pero realmente no importa de dónde vengamos. Todos tenemos mucho que aprender de Corea", también dije.

Mientras hablaba, me di cuenta de la gran oportunidad que estaba viviendo. No había sido para nada fácil llegar ahí. Cuando me aceptó la Universidad de Seúl, apliqué para una beca de gobierno que creía que iba a ganar y no gané. Tuve que ajustar todos mis gastos. Y esta vez, en mi trabajo, tardé más tiempo en que el alcalde me diera permiso de faltar todo el verano. Por eso en el discurso también hablé sobre lo importante de salir de tu zona de confort. Y de cómo todas las historias de éxito alrededor del mundo confirman que cuando logras salir de ella, empiezan a suceder las cosas increíbles en tu vida.

Estaba listo para aprender el modo coreano de hacer las cosas. Pero no sabía ni por dónde empezar. Me inscribí en las clases de Historia y política de Corea, Haciendo negocios en Asia y en Urbanización. Me pareció que eran las materias perfectas para tomar apuntes, pasármela haciendo preguntas, entrando en detalles, y aplicar lo aprendido en México.

Pero no todo fueron clases.

Junto con Karen, que acababa de conocer, hice una lista de todos los lugares a los que teníamos que ir. Básicamente los pusimos todos. En un archivo compartido de Google Drive empezamos a ordenar los lugares por ubicación. Teníamos que usar un mapa impreso, a la antigua, porque Google Maps no servía en Corea. A cada lugar le pusimos día y hora. Los dos estábamos decididos a no perdernos de ningún lugar turístico o histórico. Así que la agenda ya estaba llena.

Seúl, es la ciudad más grande del mundo. Pero para nuestra suerte, también es la ciudad con el mejor sistema de transporte. Puntual, y con la capacidad de conectarte a cualquier punto de la ciudad de una manera práctica y eficiente. Solo teníamos que caminar unas cuantas cuadras para llegar a la estación de metro más cercana de la universidad. Hacer algunas conexiones. Y llegar a donde quisiéramos.

No sé ni cómo decirlo. Amo Corea. Y de verdad hay un gran estereotipo. Muchas de las personas que conozco, cuando les platicaba que iba a ir, se imaginaban que iba a comer cosas asquerosas y viscosas en puestos de la calle. Que iba a tener que lidiar con personas no civilizadas. Con lugares sucios. Y que iba a tener que hacer señas y gritos para darme a entender.

Nada de eso. Me sentí en uno de los lugares más modernos que he visitado en mi vida.

La primera vista que tuve de Corea fue cuando estaba a punto de aterrizar en el aeropuerto de Inchon. El cansancio del viaje no evitó que me emocionara cuando por la ventanilla del avión vi la gigantesca, moderna e impactante construcción. Es color plateado. Con formas circulares y redondeadas. Desde 2005 ha sido reconocido cada año como el mejor aeropuerto del mundo. *"Si así está el aeropuerto, no puedo imaginarme como estará la ciudad"*, pensé. Y fue verdad. Bajé mi maleta, tramité mi entrada al país en una pantalla, y tomé un tren a Seúl. Los paisajes que iba viendo eran hermosos. Luego de treinta minutos, empecé a ver las calles. Todas limpias, como nuevas. Y todas con las líneas y señalamientos para peatones como recién pintadas. Empezamos a detenernos en diferentes estaciones. Cada que las puertas de los vagones se abrían, veía como las estaciones también parecían nuevas. Y muy modernas.

Mientras llegaba a la estación en la que tenía que bajarme, platiqué con algunas personas. Los coreanos son extremadamente educados. Amables y corteses. Dispuestos a ayudarte. Como cuando nos perdíamos. Podíamos acercarnos con cualquiera, y en todas las veces que lo hicimos, dejaron de hacer lo que estaban haciendo y nos acompañaron a donde queríamos llegar.

Y nunca me sentí inseguro. Muchos de los cafés y tiendas están abiertas las veinticuatro horas. En un reporte del gobierno británico sobre la seguridad y el crimen en Corea, menciona que ha habido "ocasionales, aislados y raros casos de asaltos". En las conversaciones que tenía con los coreanos, siempre sacaba el tema de la seguridad. Quería saber qué hacían para lograr tener esos índices de inseguridad tan bajos. Pero ninguno me lo podía explicar. Tal vez estar en paz ya sea parte de su cultura y de su estilo de vida. En lugar de estar vigilando mis cosas porque alguien me las podía robar o preocupado por caminar solo en las noches, yo también me relajé. Pude estar en paz. Como ellos.

Hasta que estaba en la DMZ. Ahí sí sentí que yo era el blanco perfecto para recibir un disparo.

Es curioso. La guerra entre Corea del Sur y Corea del Norte aún no termina. En 1953 firmaron un armisticio, para detener los ataques. Pero hasta la fecha no han firmado la paz. Desde entonces, nació la Zona Desmilitarizada. La frontera más peligrosa en el mundo, justo en el paralelo número treinta y ocho norte.

Ambos países, según el acuerdo, tienen que mantener a sus tropas a un mínimo de dos mil metros desde la línea que los divide. Y justo en medio hay un pequeño cuarto de color azul. El Área de Seguridad Compartida, que es propiedad de la ONU. La mitad del cuarto está ocupando territorio de Corea del Norte, y la otra mitad de Cora del Sur. Adentro, hay un escritorio para cuando se reúnen a hacer negociaciones. Y el escritorio también está con una mitad en un país, y con la otra mitad en el otro.

Ya sabía que ese lugar era peligroso. Pero como había visto fotos de diplomáticos internacionales visitando ese lugar, no podía simplemente no ir. Solo que esta vez, la situación estaba algo tensa.

Un mes antes, Corea del Norte había lanzado cuatro misiles para atacar los barcos de sus enemigos. No lograron hacerlo. Y después declararon que eran lanzamientos de prueba. Pero habían logrado llamar la atención y generar tención en las negociaciones que se estaban llevando a cabo en la ONU durante esos días.

Nervioso, seguí las ordenes de los militares. Estaba nublado, como había estado casi todo ese mes. Y había una pequeña lluvia que no nos detuvo. Durante casi todo el trayecto estuve en silencio. En una de las áreas, había música de los sesentas al más fuerte volumen que puedas imaginarte. Parecía una escena de terror. Los disparos podrían estar a unos kilómetros y nosotros sin darnos cuenta. Pero la razón de esa música, según la explicación que nos dieron, es para que los militares de Corea del Norte no intenten escuchar las conversaciones que tienen en esos cuarteles los militares de Corea del Sur.

Con unos binoculares pudimos ver lo que había después de la línea que los divide.

Aunque ocupan territorios similares, las diferencias que ese paralelo marca, son enormes. Corea del Norte sigue siendo uno de los países más pobres en todo el mundo. Y tienen un gobierno socialista y opresor.

Corea del Sur ha tenido que tomar sus medidas para cualquier cosa que pueda pasar.

Las estaciones de metro, en la entrada, tienen un símbolo que indica que la estación está lista para funcionar como refugio en caso de guerra o alguna otra tragedia. Y en las paredes, detrás de las sillas de espera de cada vagón, hay vitrinas que guardan máscaras de gas y protecciones para el cuerpo. Y los hombres tienen que dedicar un año en la escuela militar cuando alcanzan la mayoría de edad. Todos sin excepción.

Pero las cosas en Asia cambian muy rápido. Un maestro nos decía que lo que nos estaba enseñando en ese momento, aunque fuera lo más actual, seguramente ya estaba obsoleto. Son países con personas y economías muy dinámicas.

En el tiempo que escribía este libro, pasó algo inesperado. Desde su campaña, el presidente Moon Jae-in, hablaba sobre sus intenciones de acercarse con Kim Jong-un, líder supremo de Corea de Norte, para tratar de unificar los dos países en uno solo. O por lo menos para tratar de terminar de una vez por todas la guerra que se ha extendido por más de 60 años.

Subestimé la idea de paz y unificación. Creí que era prácticamente imposible. Hasta que vi a los dos jefes de estado, a Moon y Kim, cruzar la línea de la Zona Desmilitarizada y compartir un apretón de manos. Ambos sonriendo. Para después cruzar hacia el otro lado y hacer lo mismo. ¡Fue un gran acto que todos los coreanos de una o dos generaciones jamás se hubieran imaginado que sería posible! Y ya iniciaron las pláticas y los acuerdos para firmar pronto el acuerdo de paz tan esperado.

Quizá pronto ya no exista esa Zona Desmilitarizada.

Cuando acababan las clases en la tarde, caminaba a los dormitorios. Me encantaba la universidad. Estaba llena de árboles, diferentes estilos de edificios, unos antiguos y otros muy modernos, y un lago con un puente de madera. Cuando llegaba a mi cuarto, ponía la alarma y me dormía unos cuarenta y cinco minutos. Después, Karen y yo nos veíamos abajo, en el lobby, para visitar lo que estuviera programado para ese día.

Según mi celular, llegábamos a caminar hasta quince o veinte kilómetros a diario. Sí lo creo. Pero los lugares que visitábamos valían la pena. Tomábamos muchas fotos. Íbamos a museos, templos, palacios y edificios nuevos y exageradamente modernos. Y comíamos mucho. Algunas veces en McDonald's, pero la mayoría de las veces buscábamos comida coreana. Cuando me daba hambre era lo primero que se me antojaba. Y probamos tantos restaurantes coreanos que al final pudimos elegir cuál era el que tenía la Korean BBQ más rica de todas.

Había lugares que teníamos que visitar de día y de noche. Como los palacios o templos que se veían espectaculares con la iluminación arquitectónica. Por eso llegábamos a los dormitorios a las once o doce de la noche.

Mi roomie llegaba casi a la misma hora que yo. Siempre con bolsas llenas de comida extraña y exótica como paletas de pulpo, frituras de calamar o bebidas con sabor a frijoles. Y nos dormíamos aún más tarde probando esa comida que llevaba y platicando de los lugares a los que cada uno había ido.

Había dos tipos de mañanas: en unas, me levantaba una hora antes de las clases y me iba en pijama al cuarto de Pablo, un amigo francés. Siempre preparaba café expreso y nos invitaba a probarlo a mí y a Martin, de Eslovenia. Pero la mayoría de las mañanas no podíamos despertarnos. Los dos teníamos temprano la clase de Urbanización. Como siempre estábamos cansados y sin dormir, llegábamos corriendo a la clase. Yo pasaba a la cafetería a comprar un kimbap. Es como sushi, pero en una sola pieza con forma de triángulo. Y dos latas de café frío.

El maestro tenía un currículum impresionante. En ese momento era consejero de varios proyectos de gobierno. Y ya que la ciudad era perfecta para los peatones y además con el mejor sistema de transporte público en todo el mundo, no hay mejor lugar para aprender cómo debe de hacerse.

Traté de poner atención todo el tiempo a sus clases.

En México me sigue pasando que voy caminando y cuando quiero atravesar una calle por las líneas marcadas para peatones, es casi imposible. Y cuando dejan de pasar carros y me atravieso para llegar al otro lado, los carros que vienen no frenan. Parece que aceleran cuando te ven cruzando. Y sigue la creencia de que los puentes peatonales son una buena opción. En Corea no había ninguno. Las personas que caminan y que utilizan una bicicleta o el transporte público, tienen preferencia. Por mucho. A eso tenemos que llegar nosotros también. Tal vez podamos lograrlo cuando los que lleguen a los puestos públicos del gobierno sean personas con las cualidades necesarias para las tareas que se supone que deberían de realizar.

Cuando acababa la clase, teníamos una hora para comer. El menú siempre era diferente. Pero siempre comida coreana. Era una delicia. Hay un alimento que se llama kimchi. Es col condimentada y fermentada. Sirve de complemento en todas las comidas (ilimitado). Y aunque al principio no aguantaba su fuerte sabor porque sabe a vinagre con chile. Nos dijeron que era uno de los alimentos más nutritivos. Luego de que busqué todas sus propiedades en Google, no lo podía dejar. A la mitad del verano ya compraba mis propios botes de kimchi para tener en mi mochila.

Como todos teníamos clases diferentes durante el día, ahí en la cafetería nos encontrábamos todos para platicar un rato sobre cómo nos iba. Y para hacer planes para las tardes. Yo me apuraba porque de ahí me iba a la clase de *"Historia y política de Corea"*.

El maestro, el primer día, hizo una pregunta para todo el salón. "Levanten la mano los que creen que participar en política es malo". Ok. Si tienen un país tan increíble, debe de ser porque están informados y participan. Pero todos la levantaron. Todo el salón, menos yo, creía que participar en política era malo. "Como a muchos de ustedes", empezó a contar el maestro, "de las últimas cosas que me pidió mi papá antes de morir, fue que jamás me involucrara en política. ¿Saben por qué?". Algunos asintieron. "Para no dañar el honor de nuestra familia", terminó.

Corea y la mayoría de los países asiáticos, la cultura está basada en el budismo y en el confusionismo. Insisten mucho en que, para llevar un estilo de vida respetable, tienes que ser diligente, modesto y estoico. Es decir, mantener tu honor y el de tu familia intacto. Cualquier mentira, equivocación, escándalo, o fracaso que tengas, quedas marcado de por vida. Por generaciones. Había leído algo sobre eso. Pero lo que me tomó por sorpresa es que incluso del otro lado del mundo, se ve a la política como algo corrupto y obscuro. No entendí cómo han llegado a ser uno de los mejores países en el mundo, si las personas prefieren no involucrarse.

Ahí me equivoqué. Como me quedé con esa duda, casi en todas las pláticas fuera de clases que tenía con otros estudiantes coreanos, en comidas o cuando nos juntábamos a hacer alguna tarea, siempre les preguntaba sobre eso. Me explicaron que no es lo mismo que no te gusten los políticos, a no participar y estar informado. No confiar en ellos ha hecho que los vigilen y les exijan más. Y me recordaron lo que había pasado justo antes de que yo llegara: habían destituido a la presidenta Park por un caso de corrupción.

Casi inmediatamente de que aparecieron las noticias de que la presidenta estuvo involucrada en un caso de corrupción por pedir donativos a cambio de favores dentro del gobierno, los ciudadanos reaccionaron. Hubo marchas y peticiones en todo el país para hacer que renunciara o fuera removida de su cargo. Eso fue en octubre. Tres meses después, ya no era presidenta. Fue destituida. Perdió su inmunidad, y fue acusada y encarcelada. El primer ministro se quedó a cargo. Y aún y tratándose de política, gobierno, destituciones y nuevas elecciones, como en todo, a los coreanos les gusta que la cosas sucedan rápido. Para el siguiente mes de mayo, ya habían tenido campañas y elecciones, y ya había tomado protesta el nuevo presidente.

Un claro ejemplo para todo el mundo de cómo debe de funcionar una democracia. Sin tolerar la corrupción incluso en el más alto nivel y en la oficina más importante del país. Lo están haciendo mucho mejor que nosotros. Y eso que Corea del Sur se convirtió en una democracia en la década de los noventas. Nosotros llevamos décadas. Y no parece que vaya mejorando.

Como contaba en algún otro lugar de libro, en Coahuila, mi estado, tardaron cinco meses en resolver el caso sobre la validez de las elecciones a gobernador. Fueron alargando el proceso hasta que faltaba un día para la toma de protesta del gobernador electo. Estoy seguro de que lo pudieron haber hecho mucho tiempo antes. Tenemos que acostumbrarnos a exigir que las cosas sucedan. Bien hechas. Y rápido.

¿Cuántas generaciones más nos vamos a tardar en que México sea uno de los mejores países en el mundo?

Este viaje se sentía completamente diferente a cuando había estado en Europa. Comparaba mucho al principio. Y nunca es bueno hacerlo.

En Polonia estaba con un grupo de veinte mexicanos. Ahora con un grupo de ciento cincuenta extranjeros de diferentes países. Allá había conocido a jóvenes casi de mi edad que estaban haciendo historia en la política de su país, y en Corea la odiaban. Y si en Europa necesitaba inspiración, solo tenía que salir a la calle y ver los hermosos jardines que tenían, rodeados de edificios históricos e importantes. Es el viejo mundo, después de todo. Sus construcciones son ostentosas y lujosas. Como el Museo de Louvre o los palacios de la reina Isabel y su familia que parecen sacados de un cuento. En los cuartos de los palacios en Corea, las habitaciones estaban vacías. En lugar de tener bibliotecas gigantes o libreros de madera tallada, los tres o cuatro libros que tuviera el emperador, los tenía en el piso. En lugar de tener camas enormes, solamente ponían alguna almohada también en el piso. Y en lugar de tener escritorios del tamaño del cuarto, solo necesitaban una tabla de madera para apoyar en sus piernas cruzadas.

Me decepcionaba llegar a lugares tan importantes e imponentes como el palacio del emperador, y descubrir que en los interiores no había nada interesante o espectacular. Hacíamos recorridos por todas las habitaciones o secciones del palacio, pero todo estaba vacío. Y en los museos de las pertenencias de las diferentes dinastías que gobernaron Corea, solo había jarrones y vasijas (aburrido).

Pasaron varios días hasta que me obligué a mí mismo a dejar de comparar. Si no dejaba de hacerlo, iba a estar todo el verano sin disfrutar. No estaba en Europa, el viejo mundo. Estaba en el nuevo. Si quería entender y aprender cómo habían logrado ser uno de los mejores, tenía que abrir mi mente. Luego de que me di cuenta de que no estaba aprovechando lo suficiente, me fui al lugar más tranquilo de la universidad, la biblioteca, y me puse a reflexionar. Poco a poco fui entendiendo todo.

Por siglos, los coreanos han vivido bajo la cultura de vivir con esto en mente: menos, es más. Esa forma de pensar está presente en todos lados. Hasta se puede ver en la ciudad, porque, aunque los nuevos edificios son impresionantes, con formas y diseños que parecen del futuro, hay miles de edificios horribles e idénticos que seguramente son de la época de los ochentas. Nos reíamos diciendo que construyeron el primero, lo copiaron, y lo pegaron en cada cuadra. Pero en esa época no se podían distraer. Querían llegar a ser los mejores. Tenían que ser eficientes. Ya vendrían los años en los que se podrían preocupar por la apariencia de sus construcciones (e iban a llegar a ser de los mejores). En ese entonces no.

Ahora admiro esa capacidad de concentrarse en lo importante. Si por algo han logrado ser lo que son ahora, es justo por eso. Se han sentado a hacer planes. Se han enfocado en lo importante. Y se han mantenido concentrados en terminar los pasos o las etapas de ese plan.

En una de las reuniones de la Asamblea General de la ONU, en 2013, Malala Yousafzai, Premio Nobel de la Paz, dio uno de sus más famosos y emotivos discursos. Ahí fue donde dijo esto:

"Un niño, un profesor, un libro y una pluma pueden cambiar el mundo. La educación es la única solución".

Y eso, la educación, fue lo que cambió el mundo para los coreanos. La sorprendente y rápida recuperación de la guerra que tuvo Corea a partir de la década de los sesentas fue gracias a la mejor inversión que hicieron. La mejor de sus vidas. Siendo un país en extrema pobreza, y en donde casi el 80% de su población no sabía leer ni escribir, apostataron todo y se concentraron en una sola cosa: educación.

En uno de los museos que visité, hay toda un área dedicada a esa época. Están muy conscientes de que todo lo que tienen, todo lo que son y todo lo que lograron, es gracias a ese esfuerzo nacional que se hizo para que todos estuvieran preparados para construir el futuro en el que ahora viven. Como no tenían dinero, en el museo se ve claramente en las maquetas, los salones de clases estaban en las banquetas. Con asientos y escritorios hechos con cajas de madera recicladas. Había algunas escuelas que sí tenían techo y pared. Pero los niños y jóvenes estaban estudiando, estuvieran como estuvieran las instalaciones, si se les hubiera podido llamar así.

En la década de los noventas, el 93% de los coreanos ya sabían leer y escribir. Y no solamente eso. Se empezó a generalizar la idea de que, para lograr ser parte de la clase media, había solamente dos caminos. Estudiar una carrera profesional y obtener un título. O enlistarse en una carrera militar de por vida.

Ahora es muy diferente. Claro. Son de las mejores economías del mundo. Pero no han dejado de insistir, ni si quiera hoy en día, en buscar tener la mejor educación. Porque si no, ¿quién planearía las ciudades? ¿Quién cuidaría de la economía? ¿Quiénes serían los científicos? ¿Quiénes inventarían nuevas tecnologías? ¿Quiénes gobernarían?

México tiene un gran reto en este tema. Es exageradamente común escuchar a los políticos hablar sobre la urgencia de mejorar la educación. Ha habido muchas reformas (y la última ya la están cancelando). Pero con todas ha habido muy pocos avances. En las mediciones de la Organización para la Cooperación y el Desarrollo Económicos, siempre estamos en el último lugar de entre todos los países.

Y al menos desde que tengo memoria, siempre se ha sabido que la educación en México es muy mala. No entiendo por qué sigue así. No hace falta inventar el hilo negro. Tenemos el ejemplo de sistemas educativos que han funcionado en otros países. Solo se necesita que esto sea una prioridad del gobierno.

Sería muy diferente si los gobiernos tuvieran como frase o eslogan algo que te motive a llegar más lejos y tener grados de estudios más altos. Y campañas enfocadas en hacer que la educación también sea la prioridad de los ciudadanos. No como ahora que todos tienen frases y campañas que tratan de decir que todo en su gobierno está perfecto. ¿Alguien se lo sigue creyendo?

Así como todo México se unió después del temblor de septiembre de 2017, Corea ha tenido momentos similares a lo largo de su historia.

Hace años, cuando aún eran un país pobre, el gobierno tuvo un programa para ayudar a las personas a que tuvieran su propia casa. Lo que hicieron fue lanzar un programa para repartir material de construcción a quien lo necesitara.

Desde ahí, sabían que no iban a lograr mucho si no estaban unidos. Y que llegarían mucho más lejos y lograrían mucho más si se unían. Los vecinos de una misma colonia se ponían todos a ayudar a una sola persona a construir su casa. Cuando terminaban, se pasaban con el siguiente. Y así, hasta que todos tenían su casa, construida en comunidad. Eso se empezó a replicar en todo el país. Luego, el gobierno volvía, inspeccionaba, y como habían hecho muy buen uso del material, les dio más. Ahora para construir los segundos pisos. Y otra vez todos en comunidad, lo lograron.

Me ha tocado ver como en México llegan camiones a las colonias marginadas, para entregar bultos de cemento. Pero funciona así: se estacionan, la gente llega y se lleva cargando los bultos, y jamás hay un seguimiento formal del uso que le dan a ese material. Y ni si quiera lo entregan a quien más lo necesita. Más bien, solo lo entregan para pedir (comprar) votos, como muchas otras cosas.

Luego vinieron los buenos años.

Después de esa época de rápido crecimiento económico, en 1997 hubo una crisis en todo el continente asiático. Corea no se salvó. Aunque ya eran una gran economía, la crisis fue tan fuerte en todo Asia, que tuvieron que llegar al límite de tener que pedir un préstamo al Fondo Monetario Internacional. Así que ya debían dinero.

El gobierno hizo recortes al gasto público, hicieron una reestructura industrial y comercial, cerraron negocios y empresas que no estaban generando lo esperado, y promovieron nuevas leyes para tratar de ajustar el nuevo presupuesto para tratar de pagar la deuda que tenían.

Y otra vez. La gente de Corea haciendo lo suyo.

De los ciudadanos, de la gente normal, nació una campaña nacional para ayudar al país a pagar ese crédito del FMI que acababan de solicitar. Las familias salieron a las calles voluntariamente, no para marchar o manifestarse. Ahora para donar el oro que tenían. Se recaudaron 227 toneladas. En menos de cinco años ya habían terminado de pagar la deuda. Y empezaron a crecer aún más.

Esos son los valores y la educación que Corea tiene. Son capaces de unirse en los problemas para afrontarlos juntos. Saben que para que el futuro sea bueno, hay que esforzarse en este preciso momento. Y lo hacen con gusto. Tantos sacrificios, tantas horas de trabajo, tanta dedicación, pasión y tantas ganas de que las cosas sucedan y que sucedan rápido, han dado muy buenos resultados. Como que solo el 16% de la población está en situación de pobreza. Comparado con el 52% de México.

Ningún país es perfecto. En Corea hay un problema muy grande. Uno que se ha repetido en el mundo.

Los países que tienen o han llegado a tener un crecimiento económico muy rápido, o en los que han logrado no tener carencias materiales, se han incrementado los problemas sociales.

Lamentablemente Corea es uno de los países con el índice de suicidios más altos. Es un problema complejo, pero se resume en la presión social y familiar. Sobre todo, en los adolescentes y en las personas de la tercera edad.

Cualquier cosa llevada al extremo es mala. Como dije, para los coreanos, el honor personal y familiar es lo más valioso que una persona posee. La presión es muy alta. Para ellos, no entrar a una de las tres mejores universidades del país es perder o dañar el honor, reputación y prestigio familiar. Por eso, desde que son niños, pasan alrededor de 16 horas diarias en la escuela, en clases y en actividades extracurriculares para lograr la preparación necesaria para entrar a una de esas tres mejores universidades. El gobierno hasta tuvo que aprobar una ley que prohibía pagar por clases particulares fuera de la escuela, para evitar que los ricos tuvieran algún privilegio en la preparación de sus hijos.

Y se pone peor. Cuando se gradúan, el futuro que les espera depende de la universidad de la que egresaron y de las calificaciones que obtuvieron. Pero ahí no acaba. Son el país que menos duerme. Y el que más trabaja.

Y cuando se presentan los problemas como depresión, falta de autoestima, y se convierte en un problema grave, la salida que encuentran es el suicidio. Si van con algún doctor, algún psicólogo o especialista, piensan que también ponen en riesgo el honor intachable de su familia. El gobierno ha tratado de diferentes maneras de frenar esta problemática. Pero ni aún con uno de los mejores sistemas de salud pública, han logrado avances en esto.

En la mayoría de los edificios altos hay mallas para que no intenten lanzarse. En los centros comerciales hay redes debajo de las escaleras y barandales. Y las estaciones del metro no son como en Europa, en donde hay una línea pintada en el piso que tienes que evitar pisar para no caer en las vías. En Corea hay compuertas que se abren automáticamente hasta que ya haya llegado y esté completamente detenido el vagón.

No puedo imaginarme lo que ha de sentirse no ver otra

salida más que esa. En mi ciudad, ha estado creciendo el número de personas que deciden terminar con su vida. Y es algo tan delicado que por más que pienses en soluciones, no puedes llegar a una. Es algo tan personal, que muchas veces podría pasar que ni las personas alrededor de alguien puede darse cuenta de los problemas que está enfrentando.

Deseo con todo mi corazón que quienes estén pasando por problemas difíciles en sus vidas, pidan ayuda. Y nosotros, por el otro lado, tenemos que aprender a escuchar a las personas. Eso lo puede cambiar todo.

Una tarde iba caminando en medio de un puente enorme. Atravesaba un río. El río Han. A cualquiera de los lados a los que volteara, veía edificios enormes. Empresas. Grandes construcciones. Centros comerciales. Y miles de carros y personas.

En los diferentes viajes que había tenido, me había dado cuenta de lo pequeño que soy en comparación con el tamaño del mundo. Atravesando ese puente estaba pensando lo mismo. Pero con una mayor intensidad.

Estaba en la ciudad más grande del mundo. Era emocionante. También intimidante.

Me imaginé a todos los millones de personas. Y desde donde estaba podía ver el movimiento y dinamismo de una ciudad entera. Las luces de los carros dirigiéndose en todas direcciones. El metro yendo y viniendo. Sus estaciones con miles de personas esperando subir. Personas llegando y caminando a sus destinos. Las luces de los elevadores en todos esos edificios subiendo y bajando. En una ciudad como esa debería de haber miles de transacciones por segundo en las miles de tiendas. Gente exponiendo proyectos. Cerrando negocios. Me imaginé la cantidad de empresarios, estudiantes, profesionistas, artistas, políticos, niños, papás, abuelos, turistas, todos haciendo cosas importantes.

Siete mil millones de personas. Siete mil millones de historias, sueños, ambiciones, pasiones, y metas. Y entre tantas personas en el mundo, ahí estaba yo. Caminando, a la mitad de un puente.

En medio de todo eso que estaba viendo y del mundo inmenso que me estaba imaginando, yo solo era un estudiante insignificante de otro país caminando con una mochila con una botella de agua, una libreta, mi celular y un paraguas.

Empecé a preguntarme cuál era mi lugar en el mundo. O si en realidad habría uno para mí.

"*¿De verdad puede una persona cambiar el mundo?*", me pregunté. De la manera en la que cada quien pueda pensarlo, la respuesta siempre va a ser un sí. Hay miles de historias por todos lados que lo comprueban. En todas esas historias, lo único que se ha requerido es de un problema que haya que resolver, de una causa por la que valga la pena luchar o de alguna empresa que se tenga que emprender.

Aproveché para disfrutar por última vez de las mejores

vistas de la ciudad. Más tranquilo. Sin prisa. Sin pensar demasiado. Solo disfrutando el momento.

Cuando terminé de cruzar el río Han, renté una bici y lo recorrí por la orilla. Me quedé leyendo debajo de Lotte Tower, la quinta más alta del mundo. Busqué mis libros favoritos en la biblioteca más moderna que hubiera visitado antes. Compré Harry Potter y la Piedra filosofal en coreano en una estación de metro. Tomé la última botella de Soju. Y me quedé horas viendo la ciudad desde el templo Bongeunsa. Mi lugar favorito en toda la ciudad. Desde ahí puedes ver los templos tradicionales de Corea junto con los edificios más modernos que te puedas imaginar. Una mezcla del pasado y del futuro en una sola mirada.

Los que quedábamos fuimos a cenar por última vez a un restaurante de Korean BBQ. Y estuvimos platicando de los planes de cada quién y riéndonos de las cosas que nos habían pasado juntos.

Tomé las últimas fotos de la ciudad. Y me convencí de que México algún día llegará a ser un país de primer mundo. Como Corea.

RESPONSABILIDAD

"No llegamos para temer el futuro. Vinimos aquí para darle forma".

-

Barack Obama

En Donde Quisiéramos Vivir

Batallaba en concentrarme. Seguía pensando en el viaje. Hasta llegué a hartarlos a todos. En mi casa, en la escuela y en el trabajo, me la pasaba hablando de Corea. Y cada que me topaba a alguien, lo único que quería hacer era detener la plática, sacar mi celular, y enseñarle las fotos que había tomado de la ciudad. Me tomé muy personal la misión de que todos se dieran cuenta de la ciudad y del país que podíamos llegar a tener.

Llegué con muchas ideas a mi trabajo, pero me di cuenta de que solamente quedaban cinco meses para que terminara el tiempo como alcalde de mi jefe. Tal vez ya no se podría hacer mucho. Qué rápido se había pasado. Era un buen momento para empezar a ver qué se había logrado y qué faltaba por hacer. Y hacer el último esfuerzo para dejar buenos resultados.

Para ese momento, la ciudad ya había sido reconocida

como la segunda mejor para vivir. Y la cuarta más segura a nivel nacional. Muchos creían que habíamos comprado esos premios para presumir que el gobierno había hecho algo. ¡No! La verdad es que hasta nosotros mismos nos enterábamos de esos premios y reconocimientos gracias a las noticias. Pero la oposición se encargó de difundir muchísimas noticias falsas, que a veces fueron imposibles de contrarrestar.

Al final, con la experiencia que tuvo, el alcalde tenía una idea más clara y amplia de lo que se necesitaba hacer en una ciudad para que salga adelante de la mejor manera. Y él quería encargarse, en la Cámara de Diputados, de crear leyes para que los municipios estuvieran obligados a tener una planeación financiera, sistemas de control, y una planeación a largo plazo. También quería encargarse de que todas las ciudades del país estuvieran recibiendo el presupuesto que les tocaba. En pocas palabras, estaba listo para ser diputado federal.

No apoyaría a nadie que no lo mereciera. Lo admiro y respeto. Por eso cuando nos dijo que se iba a lanzar para ser candidato, entré con todo a su campaña. Había mucho qué hacer. Sobre todo, en la parte de estrategia e innovación digital. Mi fuerte.

No me sentí triste cuando acabó su administración. Porque no tenía tiempo para estarlo. En lugar de descansar todo diciembre, como tenía planeado porque ya había terminado el trabajo, y porque estaba de vacaciones de la escuela, me la pasé trabajando en la campaña. Aún faltaba mucho para que empezara (meses). Pero las ideas eran muchas. Y cuando algo me apasiona, no hay quien me pare. Rediseñé su sitio web. Acabé, y me puse a armar toda la nueva estrategia. Detalle por detalle.

La verdad, logramos hacer cosas que no se habían hecho antes. Cada que alguien comentaba en su cuenta de Twitter o en Facebook que estábamos haciendo la mejor campaña, me sentía extremadamente orgulloso de mi trabajo.

Salíamos al centro, a restaurantes o a centros comerciales, y las personas llegaban con él. La mayoría se tomaba fotos o le daba las gracias por lo que había hecho por la ciudad. Se podía sentir el cariño de la gente. Y yo quería que todos tuvieran la oportunidad de escucharlo y de pasar tiempo platicando con él, en persona. Y eso nos llevó a hacer una de las cosas que hizo que su campaña fuera diferente.

Muchas de las campañas de los típicos políticos, se tratan solamente de hacer eventos enormes con grandes multitudes, regalar cosas y prometes cosas que jamás harán. Pero nunca hay un contacto real entre esos candidatos y las personas a las que quieren representar.

Nosotros abrimos un espacio en la página de internet del ex alcalde para que cualquier persona pudiera seleccionar la fecha y hora que más le convenía para ir a tomarse un café con él. Y fue todo un éxito. Cada vez teníamos que abrir más fechas. Hasta que llegaron a ser tres o cuatro por semana. Me encantaba porque todo estaba organizado en línea gracias a esa aplicación de su página. Los que se registraban recibían recordatorios automáticos, y links para que confirmaran su asistencia. Al principio no sabía si iba a funcionar. Muchos en internet oprimen el botón de Confirmar en los eventos, aunque sepan que no van a ir. Pero funcionó desde la primera vez que lo hicimos.

Solo había una regla: decir lo que estuvieran pensando. Podían reclamar, proponer, opinar o lo que quisieran. Era totalmente libre y casual. Eso hacía que se sintieran en confianza. Y nos decían que no sabían si iba a ser verdad que él iba a estar ahí. Y les impresionaba más que podían pasar tres o cuatro horas, y que, aunque su equipo le estuviera diciendo que tenía que irse a otro lado, él se quedaba ahí. Escuchando las historias y los problemas de cada uno.

Yo me sentaba en otra mesa y escuchaba con detalle todo lo que platicaban las personas que iban a esas reuniones de café. No sabía de otro político que estuviera pasando tiempo poniendo atención de verdad a los problemas reales de las personas. Algo que debería de ser lo normal en cualquier nivel de gobierno. Y en cualquier democracia basada en la representación.

Si ya eran las once de la noche, los empleados del café nos empezaban a dar señales de que ya tenían que cerrar. Cuando todos se despedían y cada quien se iba a sus casas, aunque fuera muy tarde, me sentía animado y lleno de energía después de tantas propuestas que habían salido de esas pláticas. Otras veces, las historias que contaban eran desgarradoras.

Me quedaba pensando toda la noche cómo habían logrado salir delante de lo que les había pasado. A veces no se nos ocurrían soluciones. Esos eran los días tristes de la campaña. Al menos para mí.

Tengo un cuaderno lleno de notas de esos problemas. Los reviso de vez en cuando. Son tantos. Pero por más difíciles y duros que parezcan algunos, sé que se pueden encontrar las soluciones. Lo único que se necesita es una persona que escuche a las personas. Que crea en ellos. Y luche por ellos.

Sabía que yo no sería el diputado federal. Pero al mismo tiempo entendía que tener la oportunidad de aconsejar y de estar cerca de alguien que tendría la responsabilidad de proponer y cambiar las leyes del país, era lo más cercano que había estado de generar un cambio. Uno grande. Me puse como objetivo ser más propositivo y más proactivo que antes.

Una campaña también se trata de compartir la visión. Sobre todo, tienes que demostrar que tienes la capacidad para hacerlo realidad.

Aunque mi trabajo fuera el de armar la estrategia digital, quería dar un extra tratando de armar y poner por escrito la visión que Isidro nos había planteado durante casi cuatro años. Y no solamente tomando en cuenta lo que él quería para el estado o el país, si no también lo que la mayoría de las personas pensábamos que era urgente resolver. Porque soñamos a diario con un mejor país. Uno en el que podamos vivir en paz. Uno en el que los políticos no roben. En el que el gobierno no sea corrupto. Y uno en que le vaya bien a cualquiera que se esfuerce y siga las reglas del juego.

Independientemente de los que creen o no que algún día lo lograremos, todos quisiéramos que sucediera.

¿Pero exactamente que suceda qué?

Ese sueño que todos tenemos es un poco ambiguo. Poco específico. No tenemos un plan de cómo llegar a él. Porque, aunque en nuestra imaginación, ese México es perfecto en lo general, no tenemos claro cómo sería en lo particular.

¿Qué leyes abría? ¿Se cumplirían? ¿Qué impuestos se pagarían? ¿Cómo sería el actuar de los políticos? ¿Cuáles serían los problemas por afrontar? ¿Qué tanto estarían involucrados los ciudadanos y la iniciativa privada?

En las empresas hay un director general o un CEO. Su trabajo es plantear la visión y hacer que suceda. Ninguna empresa puede lograr cumplir sus metas si no las tiene establecidas.

En el caso de los gobiernos, ahora publican un extenso documento llamado Plan Nacional, Estatal o Municipal de Desarrollo, dependiendo del nivel de gobierno. Pero nunca he visto que lo vuelvan a mencionar después de que lo anuncian. Hasta parece un checklist que todos los políticos cumplen cuando toman protesta:

1 Hacer foros y eventos para recaudar propuestas (o fingir que lo hacen).

2 Publicar el plan de desarrollo.

3 Anunciarlo en todos los lugares y medios de comunicación como un gran logro.

4 Olvidarlo y jamás buscar tener los resultados que se habían planeado.

Volviendo a la comparación, en las empresas, el director o CEO le rinde cuentas al consejo o a los accionistas. Además de tener una visión, se tiene que tener una planeación estratégica y tener sistemas de control para poder medir los resultados. Sería impensable para una empresa estar cambiando de director cada seis años, cada uno con intenciones totalmente diferentes. Cortando de un tijerazo los planes del anterior director y empezando de cero. Pero cuando se trata de gobierno ya hasta nos parece lo normal. Cambio de administración. Cambio de logotipos. Cambio del personal. Cambio de los programas de gobierno. Cambio de todo.

Ok. Los cambios siempre son buenos. Sí, cuando son estratégicos. No cuando son sacados de la manga para demostrar que acaba de entrar un gobierno nuevo.

Desde 2017 estuve pensando en lanzar una organización dedicada a promover iniciativas de ley y candidaturas ciudadanas jóvenes. Se iba a llamar México Posible. Ya hasta teníamos diseñado el sitio web. Pero ahí se quedó. En puros planes. En 2018 Salvador Alva publicó un libro con ese mismo nombre (no es reclamo). Fue una gran lección personal de que el mundo es de quien hace las cosas, no del que las dice y las planea infinitamente.

El libro de Salvador ahora es de mis favoritos. Se lo he recomendado a mis amigos, conocidos y a algunos de mis gobernantes y representantes por Twitter. Ojalá fuera una lectura obligatoria para cada funcionario público. Y para cada ciudadano.

Con palabras directas y precisas, Salvador explica cómo un país tiene que tener una visión que todos compartamos. Los gobernantes y políticos, la iniciativa privada y los ciudadanos. Y todos tenemos que estar enfocados en hacerla realidad. Justo como en las mejores empresas.

Salvador explica que una visión revela cuál es el propósito de la organización y de lo que desea lograr en el largo plazo. Y que son palabras que pueden llegar a tener una gran fuerza. Claro, si están bien hechas. Hay estudios que demuestran que los empleados que encontraron valor y significado en la visión de su organización desarrollan un diecinueve por ciento más compromiso que en las organizaciones en donde no se tiene o no es enérgica.

De preferencia tiene que ser corta. Y que transmita la pasión de los fundadores y el propósito que la organización busca cumplir.

Por ejemplo, la visión de Disney es simple: "Hacer a las personas felices". La visión de las conferencias Ted:

"Divulgar ideas". La de Google: "Organizar la información del mundo y hacerla universalmente accesible y útil".

Lo que pasa cuando no existe esa visión en una organización: "El debate se centra en juzgar y culpar, bajar la autoestima, alimentar el pesimismo y dividir a sus habitantes". Me suena muy familiar a lo que está pasando en el país.

Como Isidro es empresario, ya conocía estos temas. Siempre nos hablaba sobre lo importante de tener una visión, una planeación y todo de lo que Salvador explica en su libro. Pero creo que nunca supo transmitir la idea o la explicación clara como para hacer que todo el equipo le entendiera. En las juntas, cuando él empezaba a hablar sobre esto, me daba la impresión de que los directores de área de municipio creían que eso era solamente para las empresas. Y que había tantas cosas que hacer en gobierno, que no podían perder el tiempo para detenerse a definir una visión poderosa que lograra mover y transformar a toda la ciudad.

Esa es la falla de los gobiernos. Funcionan como organizaciones diferentes. Y no logran ser ni efectivas ni eficientes.

Hay países que sí se han puesto a trabajar sobre esto. En un artículo, Jörgen Eriksson hizo una recopilación de las visiones más significativas que se han puesto algunos países. Como Malasia. En 1997 establecieron la visión de ser un país completamente desarrollado para el 2020. Al mismo tiempo, Singapur se puso la visión de convertirse en una globalopolis, o sea una ciudad global, para el 2021. Y la ciudad de Abu Dabi en 2009 se puso la visión de establecer un sistema para alinear en un solo eje todas las políticas públicas y planes que contribuyen al desarrollo económico de los Emiratos para 2030.

En el Reporte de Competitividad Global 2017-2018 Malasia se ubicó como la 23ª economía más competitiva en el mundo. La economía de Singapur ya fue reconocida como la más abierta en el mundo, la séptima menos corrupta y la más idónea para hacer negocios. Y Abu Dabi ya representa un tercio de la economía de los Emiratos Árabes Unidos.

Esos son los ejemplos de visión y resultados que necesitamos. Esa visión nos tiene que emocionar con su propia energía. Tiene que ser realizable. Realista. Pero también retadora. Todo México tiene que conocerla. Y cuando esto suceda, todos podremos empezar a tomar decisiones en base a ella. Cada administración local o federal debe de tomarla también como base. En este momento cada uno de los treinta y dos estados de México va por un camino diferente. Y qué decir de las ciudades dentro de los estados. Dos mil cuatrocientos municipios. Cada uno por su lado.

Hay un cuento que todos conocemos. Ya sea por el libro, la película de dibujos animados o la película en live-action. Este es uno de los diálogos (entre el gato sonriente y una niña):

– Podrías decirme por favor qué camino debo de tomar para salir de aquí.
– Eso depende de a dónde quieras ir.
– No me importa a dónde.
– Entonces realmente no importa que camino tomes.
– Solo quiero llegar a algún lado.
– Te aseguro que si caminas lo suficiente por cualquier camino llegarás a algún lado.

Sin importar si hacemos algo o no, o sin importar si elegimos un camino o no, vamos a llegar a algún lado. Eso aplica para las personas, para las organizaciones y para las instituciones. Tanto como para las empresas y para los gobiernos.

Ya basta de dejar de tomar caminos que no sabemos a dónde nos van a llevar o que nos hacen perder tiempo. Como dijo el autor y cineasta Joel Barker, visión sin acción es solamente un sueño. Acción sin visión es perder el tiempo. Y visión con acción es lo que hace la diferencia.

Cuando se estableció el TLCAN entre México, Estados Unidos y Canadá, nos fue muy bien. Llegaron empleos. Hubo inversión extranjera como nunca antes. Y empezó a haber una recuperación económica. Dejamos de ser un país agricultor y logramos llegar a ser un país manufacturero. Pero la recuperación económica no fue la que hubiéramos esperado. En muchos reportes económicos, los analistas están de acuerdo en que, desde esa época de los noventa, se necesitaba reformar nuestras leyes para poder aprovechar ese crecimiento que hubo, lograr que fuera exponencial y que nos fuera mejor a todos.

Tres décadas después, y seguimos prácticamente en las mismas condiciones. Todavía siendo el mismo país manufacturero que empezamos a ser en los noventas. Y las empresas multinacionales son las que siguen dominando el mercado y creando valor.

Pero es lo que es. Ahora lo que nos toca hacer es definir las acciones que tomaremos para mejorar esto.

Ya pasaron más de veinte años desde que México se abrió el mundo. Desde entonces no entiendo qué ha estado pasando que hace que las cosas no sucedan para aprovechar todo nuestro potencial. ¿Te ha pasado que te sientes desesperado pensando que México tiene lo que se necesita para ser exitoso, a diferencia de otros países que no tienen nada y les va mejor? A mí sí. Muchas veces. Hay que pasar esa frustración que tú, y la mayoría de los mexicanos sentimos, a acciones concretas. Y exigencias.

En cuanto a ser más específicos en el tipo de país que queremos, Salvador Alba también presenta un análisis sobre lo que los países mejor calificados en el mundo tienen en común. Me gusta porque entre tantos problemas que tiene el país, estos cuatro puntos son un buen lugar desde donde partir. Y son como una guía práctica de a dónde tenemos que llegar.

Los mejores países se concentran en la atracción y formación del mejor talento, sin distinción de nivel socioeconómico. Tienen gobiernos digitales, con instituciones eficaces y abiertas que fomentan la investigación y el emprendimiento. Y sus ciudades son divertidas y seguras para vivir, con un alto nivel de concentración urbana basado en un crecimiento vertical.

Eso es. No hay que estar perdiendo el tiempo aún más. Ni tratar de inventar el hilo negro. Enfoquémonos en lograr eso en México.

Primero, lo que veo es que los gobiernos, por medio de las secretarías de fomento o desarrollo económico de cada estado o municipio, se han aferrado a conseguir que empresas extranjeras lleguen e inviertan. No porque esas empresas vayan a aumentar la calidad de vida de las personas. Porque en la mayoría de las veces son empresas del sector manufacturero. Más bien, lo hacen porque la meta de los gobiernos es anunciar cifras de nuevos empleos. Y gastan millones de pesos en poner anuncios con esos números. Yo pienso que si a las personas les va mejor y empiezan a tener mejores oportunidades, se van a dar cuenta. No se necesita gastar tanto dinero de nuestros impuestos en anuncios.

Coahuila es un claro ejemplo de esto. Hay una tasa de rotación laboral del 60%. Los empleados se cambian de empresa por un aumento de hasta veinte pesos. Pero el gobierno estatal sigue buscando empresas extranjeras manufactureras para que lleguen y se instalen en el estado.

Haciendo crecer aún más el problema. Porque las empresas que llegan no buscan ingenieros, licenciados, o especialistas. Lo que buscan son personas que realicen tareas técnicas, predefinidas y repetitivas. El mercado laboral se saturó de este tipo de empleos.

La siguiente etapa, para Coahuila, cualquier estado y el país entero: atracción y formación de talento. Cualquier estudiante que demuestre que tiene potencial y talento, no debería de batallar para seguir haciéndolo. Al contrario. Deberían de abrírsele puertas de nuevas y mejores oportunidades.

El solo hecho de pensar en los niños y niñas a los que les encanta ir a la escuela pero que son forzados, por sus papás y las situaciones por las que están pasando, a renunciar a sus estudios, me pone a pensar en lo mal que estamos. Lo peor es que no son pocos estudiantes a los que les pasa eso. Cada año son más de un millón de niños y adolescentes que tienen que hacerlo. Y se vuelve algo repetitivo. ¿Cómo se supone que salgan adelante cuando tuvieron que llegar a abandonar lo que los iba a impulsar?

Urgen más y mejores escuelas. Pero no solo eso. También tener un sistema de meritocracia que pueda detectar a los talentos. De todo tipo: académicos, deportivos, creativos y artísticos, de liderazgo y emprendedurismo. Se les tiene que dar el apoyo para que desarrollen aún más sus habilidades y conocimientos.

Y entre tantas empresas extranjeras que han llegado a México, ¿cuántas serán universidades? Ni una. El gobierno solo busca anunciar cifras de empleos. Una buena manera de promover un mayor nivel educativo, además de un sistema de meritocracia, es la de fomentar que vengan universidades y estudiantes de otros países. Y que los mexicanos estudien en el extranjero con el compromiso de volver para ayudarnos a liderar el cambio y mejorar las cosas con todo lo que aprendieron.

Está comprobado que muchas de las veces no podemos llegar a querer ser algo, si no lo podemos ver. Cuando iniciaron las campañas de 2012 y Enrique Peña Nieto propuso crear varios trenes, pensé que era algo anticuado. Algo que nos haría retroceder. Me imaginé un método de transporte antiguo que nadie usaría. Claro que después de ir a Europa y Asia tengo una idea totalmente diferente del transporte público. ¡Urgen trenes en México! Pero no me di cuenta de eso hasta que yo mismo los usé. Por eso la importancia de que los estudiantes mexicanos tengan oportunidades en otros países. Para que vean todo lo que podemos llegar a hacer.

Tengo mucho que decir sobre los gobiernos digitales. En mi empresa he podido ayudar a empresas e instituciones a digitalizar sus procesos y a ser más eficientes. Así que tengo algo de experiencia en eso.

Lo único que tenía que hacer era abrir mi computadora cada que empezaba un nuevo semestre era entrar a la página de mi universidad, ingresar mi usuario y contraseña, seleccionar mi horario y guardarlo. Luego generar mi registro, ¡y listo! Estaba inscrito en minutos.

Me encanta porque cualquiera de los trámites que tuviera que hacer en mi universidad, ya estaba digitalizado. No tenía que hacer muchas cosas mas que varios clics. Si tenía alguna duda o quería comunicarme con alguien, buscaba su correo en el directorio. Le escribía. Y me respondía. Muy pocas veces tuve que ir en persona aparte de ir a tomar las clases.

Como emprendedor, profesionista, y ciudadano, he tenido que hacer muchos trámites gubernamentales. De todo tipo. Son como un recordatorio de lo atrasados que estamos. En la mayoría de las oficinas de gobierno siguen pidiendo comprobantes, copias, originales, formatos a mano. Muchas de las cosas que piden no tienen sentido. ¿La papelería impresa la guardan? ¿La escanean? ¿La pasan a computadora? ¿O a dónde se va tanta cosa? No han entendido que estamos en el siglo veintiuno. Y no es como que apenas acabáramos de descubrir el internet.

Hay empresas mexicanas que también lo están haciendo extremadamente bien. Ahí está el caso de Cinépolis. Desde una aplicación puedes comprar tus boletos y seleccionar los asientos. Ahora hasta puedes agregar las palomitas y refrescos desde la aplicación para que no tengas que hacer fila en la cafetería. Y esto mientras acumulas puntos en tu tarjeta de cliente frecuente. Que puedes utilizar para pagar lo que tú quieras o para rentar una película en Klick. Se han tardado años en lograr todo esto. Pero mis respetos. Porque se nota que lo que quieren es que sus clientes tengan la mejor experiencia.

¿Y a quién no le gusta pedir pizza por internet? ¿O pagar la cuenta de tu celular? ¿O lo que sea, mientras sea por internet?

Y si una cadena mexicana de cines está buscando diariamente cómo innovar y cómo hacer que sus clientes pasen menos tiempo en taquilla y más tiempo haciendo todo mediante su aplicación, ¿por qué el gobierno mexicano no lo está haciendo? Se supone que tiene más presupuesto. Más personal. Más capacidad. Ahora lo que se necesita es que cualquier persona pueda hacerlos desde su casa. En su celular o computadora.

Digitalizar y eficientar los procesos va ayudar bastante a transparentarlos. Porque puedes establecer indicadores que se vayan actualizando en tiempo real y presentarlos públicamente. Imagínate todas las compras y cuentas del gobierno disponibles el mismo día en que hicieron movimientos.

Cada quien por su lado no va a funcionar. Ya lo estamos viendo. Tenemos que hacer que las universidades, empresas y los centros de investigación se incrementen en calidad y cantidad, pero también que estén entrelazados. Generando innovaciones de todo tipo. Y la importancia que vayan de la mano es para que puedan generar ideas y acciones que se necesiten en el mercado o en la industria. Que trabajen juntos para lograrlo. Porque de nada sirve crear algo nuevo si nadie lo necesita o requiere.

Y, por último, ciudades divertidas y seguras. Me encantó esa definición. Porque implica tanto los espacios de recreación, las actividades que cada quien puede desempeñar tranquilamente, y el ambiente de seguridad y paz que quisiéramos lograr a tener.

En Japón y en Corea podía tener la tranquilidad de dejar mi computadora abierta y mi mochila en una mesa mientras tenía que ir al baño o a pedir una taza más de té verde. Y también veía cómo los niños de diez o doce años iban a sus escuelas caminando solos o en grupos de más niños. Sin adultos que los estuvieran cuidando.

No tener la preocupación de que alguien pueda robarte tus cosas o que no tengas que estar pensando en los posibles peligros, hace que las personas puedan concentrarse en otras cosas importantes. Solo tenemos un cerebro. No podemos pensar muchas cosas al mismo tiempo. La seguridad de un país y de cualquier individuo es parte de la pirámide de Maslow. Si tachamos ese pendiente y lo marcamos como cumplido, nos va a permitir seguir avanzando en la construcción de una mejor economía y una mejor sociedad.

Estaba seguro de que, desde el congreso, Isidro podría promover todo esto. A la mitad de la campaña, estaba tan emocionado que hice una presentación de estas ideas. Y le insistí que tenía que leer el libro de Salvador Alva lo más pronto posible. Eran las mismas ideas que él tenía. Pero mejor explicadas.

El gobierno no es una empresa. Pero sí es la más grande organización del país. Y probablemente bajo cualquier estándar empresarial, estaría en quiebra y ya hubiera desaparecido hace muchos años. Tiene una gran deuda. Las personas no confían en ella. No responde a las necesidades actuales. Y está exageradamente desactualizada.

La serie de libros Los Reyes Malditos relata la historia de la monarquía de Francia empezando en 1314. Me encantan. Están escritos por Maurice Druon. Y algo tiene Maurice, que pudo contar hechos históricos de una manera en la que te sientes parte de esa época. En el tercer libro de la serie, cuando el hijo de Felipe el Hermoso, Luis X, acaba de ser coronado rey, me encontré con esta frase sobre lo que significa gobernar (cosa para lo cual Luis X era fatal):

"De todas las actividades humanas, la de gobernar a los semejantes, aun siendo la más envidiada, es la más decepcionante, porque nunca tiene fin y no permite al espíritu reposo alguno. El panadero que ha sacado su hornada, el leñador ante la madera cortada, el juez que acaba de ordenar un arresto, el arquitecto que ve poner en remate un edificio, el pintor una vez terminado su cuadro, pueden, al menos por una noche, gozar de esa tranquilidad relativa que produce el esfuerzo terminado. El gobernante, jamás. Apenas parece allanarse una dificultad política cuando otra, en gestación mientras se solucionaba la primera, exige atención inmediata."

Es complicado. Por eso necesitamos a gobernantes que sean dinámicos. Que estén enfocados en resolver problemas. Que tengan la capacidad de reunir al mejor equipo. Que trabajen con una visión, una planeación y un plan estratégico a largo plazo.

No podemos estar exigiendo todo esto a alguien que simplemente no tiene la capacidad o el interés de hacerlo. Hay perfiles para todo. Ahí la importancia de que los ciudadanos elijamos bien a quien nos va a representar. Cada elección debe de ser como una entrevista de trabajo. Los candidatos presentan su currículum. Los investigamos. Verificamos que cumplan con las habilidades y capacidades necesarias para cumplir con el puesto al que están aplicando. Y después de eso, votamos por ellos.

Si has entendido a la perfección todo este capítulo, o si habías escuchado desde antes sobre lo que se necesita hacer y estás de acuerdo en esta visión de país, ¡tú puedes ser parte de las personas que ayuden a impulsarlo!

A cualquier persona que esté leyendo este libro: si lo que te interesa es el dinero, gobernar por poder, o gobernar para tener reconocimiento, para ser el líder y para llegar a hacer las cosas a tu manera, mejor jamás consideres lanzarte por un puesto público. No va a haber apoyo.

Pero si te apasiona trabajar por tu comunidad, en cualquier lado, y además te gusta la planeación, la toma de decisiones, y la resolución de conflictos, reunir y escuchar a las personas, hacer diagnósticos, ¡eres el tipo de persona que el país necesita! Considera, por favor, en algún momento de tu vida (entre más pronto mejor) lanzarte por un cargo público. No te imaginas el gran cambio que puedes lograr. Y la cantidad de personas que te apoyarán.

Un gran problema es que no creemos en la política y en el gobierno. Y eso aleja a los mejores perfiles de querer ser parte de todo eso. Tenemos la idea muy metida de que la política es algo para personas no decentes. Y con justa razón. Hemos pasado por todo. Y han desfilado una gran cantidad de personas por el gobierno que también han hecho de todo. Pues no queda de otra. La gente decente del país tiene que entrarle. Y por gente decente me refiero a los honestos. A los que tienen una mente abierta. A los que quieran reunir al mejor equipo. Incluso mucho mejores perfiles que el de ellos mismos. Y tomar las mejores decisiones juntos.

Desde que estamos en la escuela, desde prepa y universidades, en las clases y actividades extracurriculares, se empiezan a notar las diferentes maneras de ser de las personas. Y en todos lados he visto a los estudiantes que tienen identificados como "los futuros políticos". Seguramente tú también los has visto. En lo que a mí me ha tocado ver, normalmente esas personas tienen facilidad de palabra, dicción y presencia, dan buenos discursos, están involucrados en diferentes causas y siempre van a ser la voz del grupo. Y no tengo duda en que muchos de ellos van a dar excelentes resultados si deciden continuar ese camino. Pero tal vez sea hora de que dejemos de lado esos estereotipos de los futuros políticos. Hay que fijarnos más en las capacidades. A todos nos gusta platicar con alguien increíblemente carismático. Nos dan energía. Pero hay que poner las cosas sobre una balanza. No podemos seguir dándonos el lujo de tomar decisiones basados en la percepción de alguien. Hay que ir más a fondo.

Cuando veamos a los más dedicados, a los más involucrados, no necesariamente a los más carismáticos, pero a los que les gusta entrar en detalles, los que quieren resolver problemas, los que escuchan diferentes opiniones, los que piden consejos, y los que quieren cambiar las cosas de manera ordenada y organizada, son a quienes tenemos que impulsar para ser los próximos políticos y gobernantes.

Hay una cantidad enorme de dinero que les dan a los partidos y que los partidos les dan a los candidatos. Ese dinero viene de nuestros impuestos. Directamente. Y hagan lo que hagan, lo van a tener. Ahí, empieza uno de los grandes problemas que tenemos.

En las elecciones y campañas que a mí me ha tocado ver, lo he podido comprobar una y otra vez. Tanto los partidos y los candidatos hacen el mínimo esfuerzo para lograr tener un apoyo real ciudadano durante sus carreras políticas. Y no he visto a ninguno que se preocupe por tener una comunicación real y constante con las personas que lo eligieron. Rindiendo cuentas. Sí. Pero también abriendo espacios de diálogo.

Pero no hacen un esfuerzo. Porque los partidos, de una u otra forma, van a recibir el dinero que les toca. Solo hay que recordar cómo fueron las últimas campañas presidenciales. Para nada dignas del puesto que estaban buscando. Bailaban en los escenarios y se paraban en los pódiums sin discursos. Decían lo que se les ocurriera. Como dicen algunos líderes de opinión, estamos en la *peorcracia*. Tener que elegir el menos peor entre los peores.

No existe ninguna democracia perfecta en el mundo. Aunque hay unas mejores que otras. Todas son un proceso de mejora continua. Y no porque las cosas están como están en ahora, significa que así deban quedarse para siempre y que en el futuro cualquier acción tenga que estar bajo las reglas actuales.

Una de cosas de las cosas de las que más estoy seguro: hay otra forma de hacerlo. Hay otro México que podemos llegar a tener.

Lo que hay que hacer es crear un ecosistema electoral dinámico en donde cualquier persona pueda lanzarse por un cargo público. Y la cancha del juego debe de estar pareja para todos. No se puede repetir lo que le pasó a Margarita Zavala, a Jaime Rodríguez, a Pedro Ferriz y a las otras personas que querían ser candidatos independientes. Cualquier persona que esté segura de que puede hacer un buen papel representándonos, debería de tener las puertas totalmente abiertas. Si decide ser independiente, perfecto. Y si quisiera lanzarse por medio de un partido, también debería de tener las puertas abiertas. Todos con la misma oportunidad de ganar.

Si en este momento cualquier persona decidiera

lanzarse, empezaría con una cuenta bancaria en ceros, compitiendo contra alguien que tiene millones de pesos. La solución no es darle al candidato independiente la misma cantidad de dinero que al candidato de un partido. Mi idea es quitarle el dinero y los anuncios de tele o radio gratuitos. A cualquier tipo de candidatos. Y a todos los partidos.

Está la iniciativa "*Sin voto, no hay dinero*", en la que se propone que solamente les den a los partidos el porcentaje de dinero proporcional al de las personas que voten en cada elección. Hay que ser más duros: presupuesto cero.

Para ganar, un candidato tendría que conseguir el apoyo real de las personas. Y su campaña tendría que contratar al mejor equipo posible para poder comunicar todo lo que quieren hacer si son electos de una manera innovadora. Tendrían que buscar donativos. Utilizar todas las herramientas digitales. Reclutar voluntarios. Tocar puertas. Construir bases de datos. Tener la mejor estrategia y tener las mejores propuestas. Es decir, ganar gracias a la gente. Esforzándose lo suficiente. Demostrando con hechos cómo sería su gobierno. Siendo congruentes. Actualizándose. Estudiando los temas y los problemas. Preparando discursos con la política que implementarían.

Si yo viera a un candidato que no es tan conocido, pero me convence de sus propuestas, me identifico con él, y siento la confianza en que hará un buen trabajo, me encantaría donar veinte o cincuenta pesos a su campaña para ayudar a que pueda seguir convenciendo a más personas. Entre más personas convenza y crean en su proyecto, más donativos juntará.

Cuando digo eso de que cada partido y candidato debe de buscar donativos para financiarse, siempre me dicen que es un peligro. Que el dinero del crimen organizado terminaría en las campañas. La verdad es que ya lo hacen. Así que lo que hay que hacer es que, por ley, cualquier transacción que haga un partido y un candidato en campaña, tenga que ser registrada y transparentada en un portal de internet. Si lo han hecho en otros países, ¿por qué nosotros no?

Se puede lograr transparentar los partidos y quitarles el dinero público. Solo hay que seguir debatiendo cómo. Pero con prisa. Si no nos tardaremos otros cincuenta años más antes de que suceda.

Ya he estado cuidando una casilla. Cada que los partidos hacen alianzas se hace un desastre en el conteo de los votos. La cantidad de hojas que se desperdicia es impresionante. Y muchos no saben ni por quién están votando. Se dejan llevar por el partido. Y si hay elección de presidente, gobernador, diputados y senadores, se entregan cuatro hojas diferentes. Otra vez: no porque así hayan sido las boletas siempre, significa que tengan que seguir siendo así para toda nuestra vida.

Podemos votar en una sola hoja. Una que esté dividida en dos, tres, cuatro o cinco. Dependiendo de cuántos puestos se estén eligiendo. Y sin colores y sin logotipos. En blanco y negro. Solamente se necesita el nombre del candidato, el puesto para el que está aplicando, y un cuadro o círculo para tachar para poder votar por esa persona. Es todo. Con eso acabaríamos con muchos de los males del país. Sería un paso más para tener una cultura en la que votamos por la persona, no por un partido.

Esos son algunos de los temas electorales. Y son algunas ideas. Pero lo que hay que hacer es tomar todos los problemas que tiene el país, revisar cómo se están tratando de resolver, y buscar nuevas soluciones. Adiós a las ideas antiguas. Hay que innovar y mantener una cultura de mejora continua. Sí, hasta en el gobierno (¡sobre todo en el gobierno!).

"No podemos construir nuestro propio futuro sin ayudar a otros a construir el suyo"

-

Bill Clinton

Se Aceptan Devoluciones

No habíamos platicado nada al respecto, pero yo esperaba que una vez que hubiera ganado Isidro la elección, me invitara a formar parte de su equipo. Y si eso no pasaba, yo mismo se lo iba a proponer. Tenía en mi mente algunas reformas, propuestas y algunos proyectos. Hasta empecé a armar una carpeta con los temas que yo creía que eran urgentes.

En mi cabeza, estuvo siempre la idea de llegar a casa del diputado electo justo al día siguiente de la elección con una carpeta enorme. Y empezar a revisar y estudiar esos temas a profundidad y tener lluvias de ideas y debates de días enteros para encontrar las mejores soluciones.

Cada hoja de esa carpeta ya tenía el membrete con el logotipo del Congreso. Me lo tomé muy en serio. Hasta había una sección en donde puse, estructurado en un diagrama de flujo, cómo iba a ser la atención y la comunicación de la oficina con las personas de su distrito. Quería que fuera el diputado más cercano y accesible del país.

Estábamos seguros de que iba a ganar. En las encuestas que teníamos, él iba arriba. Habíamos hecho una campaña diferente. Y se notaba en todos lados. A la mitad de la campaña hubo problemas financieros. Pero él y el equipo que quedaba seguía haciendo todo lo posible.

Pero no ganó. Fue como una de esas lecciones que te da la vida en la que algo o alguien superior a ti trata de decirte que no todo va a salir como tú quieres. Que, aunque sí es bueno planear y tener metas, también es bueno tener un *Plan B*. Yo no lo tenía.

Todavía creía que iba a ganar el día de las elecciones. A media noche, cuando terminamos de contar los votos en mi casilla, ya sabía que había perdido. Estaba totalmente agotado después de las casi dieciséis horas que estuve asegurándome que se respetaran los votos de la gente. Cuando llegué a mi casa, no quería que me preguntaran nada de lo que había pasado. Me fui directo a dormir. Y me acuerdo perfectamente de que tuve un sueño muy vívido en el que Isidro ganaba la elección. Y estábamos celebrando. Al menos me quedó ese bonito recuerdo del sueño.

Al día siguiente de las elecciones tenía un viaje con toda mi familia. Tuve que despertarme a las cinco de la mañana y subirme a un pequeño camión que rentó mi abuelo para irnos juntos. Todos me preguntaban qué había pasado.

Pero ni yo sabía. Activé el modo no molestar de mi celular. Me puse los audífonos. Puse la música que había descargado. Y me desconecté de todo y de todos.

No pude evitarlo. Había muchos pensamientos en mi cabeza. ¿Qué habíamos hecho bien y qué habíamos hecho mal? Todo pasó tan rápido. Hubo momentos en los que dudé de mi trabajo. Pero hice un esfuerzo por ver las cosas desde una perspectiva más amplia. Y de algo estaba seguro. Ese sueño ya había terminado. Tenía que enfocar mis energías en lo que seguía.

Es injusto que a las personas con las ganas de hacer las cosas bien en el gobierno no les demos la oportunidad de hacerlo. Lo vi de cerca. Isidro hubiera sido uno de los mejores diputados en México. Ya había sido reconocido a nivel nacional como uno de los mejores alcaldes del país. Y estoy seguro de que también Pedro Kumamoto hubiera sido uno de los mejores senadores. Pero también perdió.

Me sentí decepcionado del país. Tal vez sí tenemos a los políticos que nos merecemos, como muchos dicen.

Estos dos ejemplos desaniman a cualquiera que tenga una pequeña intención de participar en la política. ¿De qué sirve? Al final gana el que el sistema quiera que gane.

Tengo que aceptar los resultados. La gente votó. Así es como funciona una democracia. Pero siendo sincero, no me siento representado en el poder ejecutivo, ni en el legislativo y mucho menos en el judicial.

La persona que ganó esa diputación, que nosotros

perdimos, lo hizo con poco más del 30% de los votos. Lo que quiere decir que no la eligió la mayoría. Es extraño que pase eso. Pero muy común en México. Esto crea mucha división. Y precisamente la sensación de que no estás bien representado. Además, se vuelve difícil para todos. Imagina ser un alcalde, un diputado, o un presidente, como Enrique Peña Nieto, con el 60% o 70% de las personas en tu contra. Por eso fue histórico y algo único que Andrés Manuel ganara con más de la mitad. Algo que debería de empezar a ser lo normal.

Llegué al hotel y justo cuando me bajé del camioncito, en la entrada me encontré a una de mis mejores amigas y a su familia. Le di la vuelta al hotel para conocerlo. Vi la alberca y la playa. Normalmente no me gusta estar en el sol. Ahora lo necesitaba.

Había esperado tomarme esas vacaciones como un pequeño descanso antes de iniciar todo el trabajo que tendríamos en el Congreso. En lugar de eso estaba tratando de desconectarme. No quería saber absolutamente nada de política, ni de gobierno.

Apagué mi celular. Simplemente disfruta. No pienses mucho. Toma el sol. Camina en la playa. Come bien. Lee los libros que trajiste.

Eso hice. Y fue increíble. Después de muchos meses de estrés, me sentía completamente liberado. Si varios días o semanas antes de eso hubiera querido apagar mi celular, el equipo de la campaña hubiera enloquecido al instante. Tenía que estar disponible veinticuatro siete, revisando notificaciones, mensajes y noticias.

Esa semana fue como un cierre de un capítulo y el inicio de uno nuevo.

Llevaba dos libros conmigo. "*Mil novecientos ochenta y cuatro*", la distopía de George Orwell. Ok. La verdad no fue muy buena idea leer "Mil novecientos ochenta y cuatro" justo después de las elecciones. ¿Un mundo en el que se controla la información y se vigila a los ciudadanos? No gracias. Ya había tenido mucho de eso en la vida real. De todas formas, terminé de leerlo, tratando de no compararlo con lo que había pasado.

En la maleta también llevaba un libro que por casualidad encontré en el supermercado antes de irme. No pude dejarlo ahí después de ver el título: "*Intestino saludable, vida saludable*". Tratando de hacer muchas cosas y proyectos al mismo tiempo, había hecho que siempre estuviera enfermo del estómago. Por estrés.

No quise pensar mucho en mi Plan B durante esos días. Por primera vez en mi vida, solo disfruté del momento.

En el hotel, había gimnasio, clases de yoga y un spa de los más equipados y amplios que haya visto. Un día hice ejercicio. Al siguiente me inscribí a yoga. Cuando terminó la clase el instructor me recomendó ir al spa por una sesión de hidroterapia. Me metí al agua hirviendo y luego al agua con hielos. Varias veces. Al volver de las vacaciones, lo primero que hice fue buscar un lugar para seguir practicando yoga. Ya no fallo a mis clases (casi nunca). Me encanta que antes de iniciar la práctica de cada día, respiramos, cantamos el mantra y dedicamos todo nuestro esfuerzo y energía a una causa o a una persona. Al final frotamos nuestras manos para generar calor y las colocamos en nuestros hombros, y en el pecho, para sentir el calor entrar mientras nos llenamos de admiración y reconocimiento por el trabajo de ese día.

Desde que practico yoga, me mantengo concentrado en lo que tengo que hacer. Aparte le tengo cariño porque empecé a practicarla justo en el momento que más la necesitaba.

Hacer yoga, meditar y no estar estresado, me hizo ver las cosas desde otra perspectiva. No se trata de mis problemas. Si no de los de todos.

No ganar esa campaña sí fue decepcionante y desalentador. Realmente no lo considero como un fracaso personal. Yo no tenía la responsabilidad de controlar y dirigir la campaña entera. Y yo no era el candidato. Pero sí fue un gran fracaso profesional. Seis meses de trabajo intenso, más cuatro años en la alcaldía, sin resultados.

Si pienso en los problemas de todas las personas que escuchamos durante esa campaña, ese fracaso no es nada. Isidro va a estar bien. Él tiene su empresa. Su familia. Y sus hobbies. A fin de cuentas, él no era un político antes de ser alcalde. No estaba en sus planes serlo. Y aunque yo no tenía un *Plan B*, me di cuenta después de esas vacaciones que yo también iba a estar bien. Me quedaba un semestre para terminar mi carrera. Una pequeña empresa para hacer crecer. Y muchos proyectos personales abandonados. ¿Pero qué iba a pasar con todos los problemas de las otras personas que escuchamos durante esos seis meses y que nosotros esperábamos resolver?

Todas las circunstancias me han traído hasta donde estoy ahora. Gracias a Dios, a la vida, a mi esfuerzo y al de mi familia. Sí tengo mis problemas. Pero no son nada en comparación con los que la mayoría del país está atravesando. Como no tener que comer. O no tener una casa en la que vivir.

Si quería acordarme de más problemas, solamente tenía que acordarme de los últimos recorridos de la campaña. Fueron en los lugares más lejanos de la ciudad. Ahí en donde después de una casa ya no hay prácticamente nada. Algunas eran de block o de cemento. Otras parecían hechas con cajas de madera y lonas, sobre bajadas que terminaban en arroyos. Cada que visitábamos una comunidad en esas condiciones me ponía a pensar mucho. ¿Cuántos políticos habrían ido a esos mismos lugares, con esas mismas personas, y les habían prometido que todo iba a cambiar? ¿Cuántas veces habrían ido a votar por alguien pensando en que ahora sí los apoyarían?

Habíamos conocido a personas que estaban pasando por alguna enfermedad, pero no tenían dinero o un seguro para pagar el tratamiento médico que era urgente. Y muchas madres solteras sin poder encontrar trabajo, con un hijo con discapacidad en la casa. Vimos niños en la calle, adultos mayores abandonados, escuchamos historias de robos, fraudes, y de todo lo malo que te puedas imaginar.

Es frustrante que no hagan nada los políticos y los gobernantes. Pero más frustrante aún, que no hagamos nada nosotros, los ciudadanos. Tú y yo.

Cuando se trata de hacer esfuerzos para cambiar México, en muchas conversaciones surge una pregunta: ¿por qué? No en el sentido del porqué se necesita. Eso es evidente con todos los problemas que hay. Si no, más bien en el sentido de por qué involucrarse. Cada uno de nosotros estamos muy ocupados haciendo lo nuestro. Estudiando, trabajando, cuidando hijos, abriendo empresas... ¿Por qué, además, tendríamos que participar para tener el país que queremos? ¿No es suficiente pagar mis impuestos y votar?

Depende de cómo lo vea cada quien. Para mí, participar es como devolver todo lo bueno que me ha pasado en la vida.

Como estudiante del Tec, tuve la oportunidad de escuchar y conocer en persona a David Noel Ramírez. Una persona muy querida dentro de mi comunidad universitaria. Pero también una persona sumamente admirada. Cada que pienso en él encuentro inspiración para seguir adelante.

Hace más de 50 años, cuando él estaba chico e iba a entrar a universidad, mandó toda su papelería al Tec para aplicar para una beca. Pasó un tiempo y no le respondían. Sin paciencia y con ganas de cumplir sus sueños, tomó un autobús de San Juan de Los Lagos a Monterrey. En una ventanilla, le dieron la noticia de que no había sido aprobada su solicitud de beca. Como no tenía dinero para regresarse, solo le quedó hacer una cosa: insistir. Pidió posada en una iglesia. Y volvió varias veces al Tec para buscar a la persona encargada de otorgar las becas. ¡Hasta descubrió cuál era su carro y lo esperaba sentado en un árbol para poder insistirle! Resistió todas las negativas. Estuvo persistiendo hasta que el director de becas le dijo: "Ya me tienes cansado. Nada más por terco, te voy a dar la beca, desgraciado". No me imagino lo que sintió cuando le dijeron eso. ¿Qué haces? ¿Saltas, lloras, ríes?

Para completar el dinero de los gastos, ya cuando había logrado ser estudiante del Tec, pidió trabajo en la cafetería del campus en las mañanas, y en la biblioteca en las noches. Esas eran ganas de estudiar. De las buenas.

Luego llegó a ser rector de esa misma universidad.

David Noel es una persona tan honorable, que cuando empezó la época electoral para elegir al próximo gobernador de Nuevo León, hubo todo un movimiento en internet que se llamaba Un Rector Gobernador. En redes sociales circulaba un video que presentaba pedazos de diferentes discursos que ha dado a lo largo de su vida. El movimiento se hizo tan grande que David Noel tuvo que aceptar públicamente que se iba a tomar un tiempo para pensarlo y reflexionarlo. Después de unos días declaró que no participaría como candidato. Pero que continuaría transformando vidas a través de la educación.

Para nosotros era, y lo sigue siendo, toda una figura pública. Es como un rockstar. Sobre todo, después de que se hizo famoso entre los estudiantes del Tec a nivel nacional con un meme en donde sale él hablando en frente del salón y apuntando con su dedo hacia la cabeza de un estudiante. Alguien creativo dibujó un rayo que iba del dedo hacia la cabeza del estudiante, con el texto "recibe el rayo emprendedor". Se hizo viral. Luego de eso, cada que alguien lo veía, le pedían una foto con la pose mandando el famoso rayo emprendedor.

Cada que puede David Noel nos recuerda en sus discursos que tenemos que pagar nuestra hipoteca social. Es su tema favorito. Y no lo culpo. Al contrario. Agradezco cada oportunidad en la que nos lo recuerda. Porque todos tenemos esa hipoteca. Tarde o temprano hay que pagarla.

Millones de factores y variables en el universo se dieron perfectamente para traernos hasta aquí y ahora. En la película *"El efecto mariposa"*, explican muy bien cómo cualquier mínimo detalle puede cambiar el rumbo de la historia. Ahí, los personajes viajan al pasado, pisan una mariposa que no debió de haberse pisado, y cuando volvieron al presente, la realidad era completamente diferente. Entonces imagínate las miles de acciones que hicieron que hoy estuvieras donde estás.

Aunque a lo largo de tu vida no todo haya salido como esperabas, te apuesto a que eres de las personas más afortunadas y privilegiadas de este país simplemente por el hecho de poder dedicar algo de tu tiempo a leer este libro.

En un país como el nuestro, 25 millones de mexicanos no tienen acceso a la lectura. Y el 53% de los hogares mexicanos no tienen una conexión a internet en sus casas. Aún y siendo el siglo veintiuno.

Imagínate la cantidad de cosas que te perderías y lo difícil que sería tu vida si no tuvieras acceso a internet en tu computadora o en tu celular. Bueno, pues se vuelve mucho más difícil cuando no tienes nada comer ni un lugar en donde vivir. Somos muy dados a olvidarnos del hecho de que el 43% de la población en México se encuentra en una situación de pobreza.

En pláticas, discusiones y debates he escuchado la afirmación "los pobres son pobres porque quieren", y la otra muy común "El que quiere puede". Bueno pues, es una de las afirmaciones más erróneas que he escuchado.

La pirámide de Maslow muestra los factores que nos acercan a una vida plena. En la base de la pirámide están las necesidades fisiológicas, como respirar y alimentarse. Después viene el segundo nivel que es la seguridad, tanto de recursos como de empleo, salud y propiedad privada. El tercer nivel es el sentido de afiliación, la necesidad de tener amistades y recibir afecto. El cuarto nivel es el reconocimiento, confianza y respeto. Y, por último, el quinto nivel de la pirámide es la autorrealización. Ahí una persona puede ser creativa, enfocarse en la resolución de problemas y entender y aceptar los hechos.

México sigue atorado en el primer nivel de esa pirámide. Son nueve millones de personas en pobreza extrema. Es decir, que no tienen dinero para poder comprar algo que comer. Una persona que lleva varios días sin probar un alimento nutritivo, sin tener una casa en donde dormir o una habitación digna, ¿cómo se supone que podría aspirar a tener una vida mejor? Simplemente tiene que dedicarse a los asuntos del día a día para poder sobrevivir.

Esa es la situación tan grave en la que estamos como país.

Lo que nos queda a cada uno de nosotros es reconocer la manera en que fuimos privilegiados. Empieza dando un gran respiro. Repasa en tu mente cómo es tu día a día. Piensa en las cosas que das por hecho. Acuérdate de las oportunidades que has tenido a lo largo de tu vida, las hayas tomado o no. Recuerda las decisiones más difíciles que hayas enfrentado. ¿Qué bendiciones has recibido?

¿Estás estudiando? ¿Tienes un trabajo? ¿Vives en una ciudad? ¿Has viajado a algún lado? ¿Puedes salir a un restaurante a cenar con tus amigos? ¿Has emprendido una empresa? ¿Tienes una casa a la que puedes llamar hogar? Si alguna de las respuestas a estas preguntas fue un sí, ya estás del otro lado. Oficialmente has sido privilegiado.

Sé que para poder estar en donde estás, has tenido que esforzarte demasiado. Si no, pregúntame a mí. Lo que he hecho ha sido a base de mucha dedicación. Pero de verdad, se alinearon y conectaron miles y millones de variables, incluido tu esfuerzo y dedicación, para que tu vida se diera tal y como es ahora.

La hipoteca social se trata de darnos cuenta en dónde estás parado, y de reconocer que millones, literal, millones de personas, desearían con todo su corazón estar en donde tú estás. Y también se trata servir a los demás. No de servirnos a nosotros mismos.

Todos y cada uno de nosotros tenemos el poder de aprovechar nuestra situación para empezar a generar un bien mayor. Desde la posición en la que te encuentres. De la manera en la que tu consideres correcta. Así como David Noel. No se olvidó de lo buena que fue la vida con él. Y ahora devuelve todo lo bueno que la sociedad le dio, desde la educación.

Hace poco leí sobre el programa de becas del Tec llamado Líderes del Mañana. Apoyan con el 100% de los gastos a cualquier persona, sin importar de donde venga, que demuestre que lo que quiere es estudiar y liderar el cambio para generar un bien.

Esas becas cambian vidas. Así como hace más de 50 años cambió la de David Noel.

A veces me imagino a las familias de los estudiantes recibiendo la noticia de que sus hijos van a ser becados. Es como avisarte que te ganaste la lotería. Y una noticia realmente esperanzadora. Como ninguna otra. En familias que jamás se imaginaron, por su situación económica, que su hijo o hija podía entrar a una de las mejores universidades del país.

Y una de las cosas que más me llena de esperanza es cuando escucho a los Líderes del Mañana, los que recibieron esa beca, decir que cuando ellos tengan la posibilidad económica, cuando se gradúen y tengan el empleo o la empresa de sus sueños, van a donar y apoyar al fondo de ese mismo programa, para que más personas como él o ella, en cualquier situación en la que se encuentren, tenga la misma oportunidad que están teniendo ellos. El mejor ejemplo de alguien consciente de su hipoteca social.

Ellos no pueden solos. El país necesita que tanto ellos y millones de mexicanos más, estén comprometidos de esa manera. Y conscientes de lo que la vida y la sociedad les ha dado. Para empezar a devolverlo.

En las propias palabras de David Noel, la hipoteca social "no se trata de expedir un cheque, sino de cambiar nuestra actitud y nuestra forma de vida. No es dar una limosna, sino entregarnos nosotros mismos, involucrándonos realmente en los proyectos sociales de nuestra comunidad. Es vencer la abulia, el individualismo, el materialismo, el hedonismo y el egoísmo".

Pagar nuestra hipoteca social, es la única manera de lograr avanzar en los temas que nos preocupan. De la manera en que lo veas, al final, hay un beneficio para todos. Entre a más personas les vaya bien, mejores las condiciones que vamos a tener como comunidad.

El país se transformaría completamente si por ejemplo el 20% de las personas que han tenido el gran privilegio y la oportunidad de estudiar una carrera profesional, buscaran la manera de hacer que el otro 80% de los mexicanos, que no la han tenido, también tuvieran la manera de tener una licenciatura o ingeniería. Y mejor aún, si el 56% de los mexicanos que no se encuentran en situación de pobreza, buscaran la manera de ayudar a salir de ella al otro 43%. Así como en Corea los propios ciudadanos ayudaban a que todos construyeran su casa. Uno por uno.

Quiero pensar que la Secretaría de Desarrollo Social o la Secretaría de Economía revisa a diario los problemas y temas urgentes. Y que están desarrollando estrategias y nuevas ideas sobre cómo combatir la pobreza y el rezago educativo que tenemos. Pero lo estén haciendo o no, lo que han hecho no ha funcionado.

No podemos seguir esperando. Tenemos que meternos nosotros mismos a arreglar el problema. Tenemos que demostrar que sí entendemos que para que como país nos vaya bien, ¡a todos nos tiene que ir bien!

En un país agricultor como el nuestro, no debería de haber problemas de alimentación. Desde mi punto de vista, ese el tema más urgente. Asegurarnos que a nadie le falte qué comer. Una vez resuelto eso, podríamos empezar a ver qué sigue.

Pero somos tantos los mexicanos, que cada uno puede elegir causas diferentes. Porque en realidad cada una de ellas es importante.

Tengo dos amigos que fueron a un voluntariado en África. Fue tan impactante la situación que vieron en Etiopía, que decidieron que no podían quedarse con los brazos cruzados. Abrieron una organización, que ahora se llama Cero Pobreza. La meta que tenían era la de recaudar fondos para poder construir una clínica de atención médica para las personas de la comunidad que visitaron. Porque estando allá se dieron cuenta que la más cercana estaba a horas. Y que no tenían la manera de llegar.

Me encantó ver a muchos amigos y conocidos sumarse a su causa. Pero hasta la fecha no he dejado de escuchar comentarios que más bien son críticas. Una de las cosas que me enoja es que critiquen a las personas que están tratando de hacer algo por la causa en la que más creen. Y me enoja más cuando la persona que está criticando, o diciendo que alguien debería de estar haciendo otra cosa, no lo está haciendo ni esa misma persona.

"Deberían de estar haciendo algo por su país", dicen unos, sobre mis amigos de Cero Pobreza. "No tienen que irse tan lejos. Aquí en las orillas de la ciudad hay mucha pobreza. Deberían de hacer algo aquí", dicen otros. "¿Y qué estás haciendo tú?", pasa por mi cabeza. A veces no lo digo en voz alta porque ya sé la respuesta que me darán. Nada.

Lo bueno de vivir en comunidad es la gran diversidad que hay. Si no compartes una causa, no hay problema. Cada quien tiene la suya. Dedícate a la que más te apasione. Pero sin destruir las otras. México, y el mundo entero, tienen miles de problemas que resolver. Y lo último que el mundo necesita es a alguien que trate de desmotivar a quienes creen en algo y están tratando.

Y es verdad que nadie puede solo contra un problema. Pero un problema no se va a resolver sin nadie tratando de hacerlo. Toma estas palabras en cuenta. Son de un discurso que dio Oprah a los graduados de la universidad USC Annenberg:

"Va a tomar más que una sola persona para poder sacar adelante a todos los millones de personas en situación de pobreza. ¿Pero quién serías si no te importara lo suficiente como para intentarlo? Elige un problema, cualquiera, y haz algo. Porque para alguien que está sufriendo, ese algo, lo es todo".

No podría dejar sin terminar la historia del programa de becas que impulsó David Noel en sus años como rector.

¿Recuerdas que dije que él de joven vivía en San Juan de Los Lagos? Fue de ahí desde donde salió solamente con 150 pesos en autobús, hacia Monterrey, para conseguir a como fuera posible su beca. Después de todo el éxito que ha tenido no ha olvidado sus raíces. Hace poco leí que ha habido más de 400 becas para estudiantes de San Juan de Los Lagos.

No es coincidencia. Estoy seguro de que él ha tenido mucho que ver en eso. Gracias David, por ser un ejemplo, de los que tanto nos hacen falta en México, de insistencia, persistencia y coherencia.

Vayamos reflexionando sobre todos los privilegios que tenemos. Piensa cómo alguien que no los tuvo, los podría tener. Este es un buen momento para empezar a pagar nuestra hipoteca social. Siempre lo es.

¿Alguna vez te has preguntado a ti mismo cómo sería tu vida si hubieras crecido en circunstancias totalmente diferentes a las que has tenido? ¿Qué estarías haciendo en este momento si todo tu futuro económico ya estuviera asegurado? ¿Qué tal si hubieras nacido en una de las familias más influyentes del país? ¿O si fueras hijo de Steve Jobs, o de Elon Musk? ¿O qué habría pasado contigo si cuando eras niño hubieras perdido todo?

Cuando me hago esas preguntas me acuerdo mucho de mi abuelo Mario.

Él quedó huérfano a los siete años. A esa corta edad no tenía una familia que lo cuidara o alguien que se encargara de darle, por lo menos, cariño. Ni personas que lo apoyaran económicamente. Mucho menos personas que le dieran ánimos o personas que creyeran en él.

¿Cómo sales adelante cuando parece que el mundo va en tu contra?

No siempre se lo digo, pero es de las personas que más admiro en el mundo. Y soy de los pocos afortunados entre mis amigos que aún tienen a sus abuelos.

Me acuerdo de los primeros semestres de mi carrera, cuando formé *Voz Joven*, mi grupo estudiantil. La universidad abrió un taller de liderazgo para los integrantes de todos los grupos del campus. Aunque fuera un sábado en la mañana, me encantaba estar ahí, dedicando mi tiempo a lo que más me gustaba. Una de muchas actividades, era tomarte 30 minutos aislado de los demás, para escribir en un papel, el nombre de la persona a la que más admirabas. Yo puse el de mi abuelo. Debajo de su nombre tenías que escribir una carta explicando por qué lo admirabas. Pensé que era como muchas otras actividades que había hecho en otros talleres. Así que la escribí pensando que nadie jamás la iba a leer.

Un rato después, cuando ya todos habíamos terminado, los instructores nos dijeron el siguiente paso de la actividad. Teníamos que marcarle por teléfono esa persona y leerle en voz alta lo que habíamos escrito. Agarré mi celular. Marqué. Me contestó. Y empecé a leer lo que había escrito. Creo que no avancé más de la primera línea cuando yo ya estaba llorando.

Para ser sincero, no sé cómo lo logró. No entiendo cómo una persona que a los siete años perdió lo poco que tenía, y que se quedó sin una familia, sin dinero y prácticamente sin nada, ahora lo tiene todo. Pero entre no tener nada y tenerlo todo, hubo un largo camino.

Para encontrar comida, mi abuelo tenía que hacer varias cosas. Cosas de las que a nadie le gusta hacer. Como perseguir a las gallinas y esperar a que pusieran huevos. Cuando varias horas después, alguna por fin ponía uno, lo que seguía era abrirlo y comérselo crudo. Luego, sin una casa a la que llegar al final del día, los basureros siempre eran una opción. Ahí encontraba tortillas y pan. ¿Pero cuando tiramos comida a la basura? Cuando ya está echada a perder y ya no la queremos en nuestra casa. Él se emocionaba solo con encontrarla. Y agradecía que la hubieran tirado sin importar cómo estuviera o cómo se viera.

En la escuela se burlaban de la ropa que usaba. Ni era nueva y ni era de su talla. Era la que él mismo encontraba. No pasaba nada si no era de su talla. Solo tenía que doblar las mangas. Y listo. También se burlaban de sus zapatos. En los días que tenía la suerte de usarlos.

En primaria y en secundaria no había quien me diera mejores consejos más que él. Le hacían bullying en la escuela. Igual que a mí. Pero la diferencia fue que yo tenía a alguien experimentado para enseñarme cómo no tomar en serio lo que las personas me dijeran.

A veces quisiera que todo el mundo conociera su historia. Quizá hay alguien que la necesite. Puedo imaginarme a muchas personas en México en situaciones parecidas a las que a él le tocó vivir. Y la razón por la que quiero que escuchen esta historia es para que sepan y tengan la seguridad de que sí se puede salir adelante. Tienes que confiar en ti. Pedir ayuda. Ponerte metas. Entre todas esas adversidades, en lo más profundo de tu ser, encontrar las fuerzas que se requieran para creer en algo mejor. Y hacer lo que esté en tus manos para lograrlo.

En uno de sus primeros empleos, a los que puedes aspirar sin contar con una carrera profesional, vio de lejos al dueño de la empresa. "Yo quiero ser así", pensó. Y se aferró con todo su ser a esa idea. Se necesita toda la persistencia del mundo para lograr cumplir tus sueños.

Sobre todo, cuando todos los caminos por los que la vida te ha llevado parecen ir en una dirección peor.

Contra todo pronóstico, lo logró.

Sin haber visto o aprendido por sí mismo cómo era vivir en familia, logró formar una. No sé si hace treinta o cuarenta años él mismo se hubiera tan siquiera podido imaginar que los días de estar persiguiendo gallinas o buscando comida en la basura iban a terminar, y que hoy en día, después de todo el sufrimiento por el que pasó sería una de las personas a las que más admiran sus cuatro hijos y sus quince nietos. Y que iba a ver crecer a su propia familia. Que iba a tener a una esposa que lo iba a apoyar fuera cual fuera la circunstancia. Que sus hijos y sus nietos iban a crecer, estudiar y tener la seguridad y tranquilidad de tener a una familia que los apoya.

Mi abuelo tuvo muchas opciones. Como dicen, no podemos controlar todo. Pero sí podemos controlar cómo reaccionamos a lo que nos pasa. Y él podría estar en este momento enojado por todo lo que tuvo que vivir. Podría estar guardando rencor hacia todas las personas que le cerraron la puerta. Podría ser una persona amargada. Podría no apoyar a nadie porque a él nadie lo apoyó. Y por eso lo admiro más. Porque es de las personas más amables que conozco. De los que jamás le niegan la ayuda a alguien. El tipo de personas que hasta puedes llegar a pensar que hasta está ayudando de más. A su familia, a sus empleados, o a cualquier desconocido.

Cada que puede dona a alguna causa. Siempre va a tener

una sonrisa. Y si estuvieras en un cuarto con muchas personas con él presente, lo distinguirías por ser la persona más cortés y amable en el lugar.

Está agradecido con lo que la vida le ha dado. También está muy consciente de todo lo que le ha costado. Pero sabe que no está exento de pagar su hipoteca social. Y de devolver todo lo bueno que la vida le ha dado. Para que alguien más tenga lo que él tuvo. Y mucho más.

HACER QUE SUCEDAN LAS COSAS

"Piensa a la izquierda, piensa a la derecha, piensa abajo y piensa arriba. ¡Oh, todo lo que puedes pensar solo con intentarlo!"

-

Dr. Seuss

Ideas En Espera

¿Y ahora qué?

El trabajo intenso del gobierno había terminado. También la campaña. Qué extraño sentía que no tenía que estar al pendiente de cualquier noticia o evento que tuviera, ni encontrando espacios para terminar mi larga lista de pendientes.

Por casi cuatro años, lo que hacía cada día en la mañana, era revisar la agenda del alcalde. En base a eso, organizaba mi tiempo. Ahora cuando la consultaba, ya estaba vacía. ¿Cómo iba a definir ahora mis propios días?

Revisé las fechas de inscripción de mi universidad. Solamente me faltaba un semestre más para mi graduación. Por fin, después del tiempo extra que me tomó por cambiarme de carrera, estaba por terminar para siempre mis años como estudiante universitario.

Se volvieron reales y serias las preguntas que me hacía a mí mismo sobre qué es a lo que quería hacer en el futuro. Ahora sí, había que hacer el Plan B. Y ese plan, tenía que tomar en cuenta que en seis meses más estaría graduado y tendría el 100% de mi tiempo a disposición de lo que yo quisiera.

Traté de olvidarme de la política y de las noticias. El país ya había elegido lo que quería. Había hecho mi intento a nivel nacional y local de cambiar las cosas. Perdimos. No estaba pasando los días como pensé que iban a ser. Pero me sentía feliz. Y por primera vez en mucho tiempo, me sentía totalmente liberado y tranquilo.

No me quería apurar en tomar decisiones para hacer mi nuevo plan, pero tampoco tardarme demasiado.

Otras veces, me había involucrado en tantas cosas al mismo tiempo, y siempre terminaba renunciando a algunas de ellas cuando me daba cuenta de que no podía hacerlo todo. Y luego se me ocurrían más cosas, me volvía a llenar de proyectos y pasaba lo mismo. No quería que eso fuera una opción esta vez, ni nunca más. Decidí que esos últimos seis meses de mi carrera, iba a estar enfocado en pocas cosas, aunque todavía no sabía en cuáles. Cada vez que apareciera una nueva idea o un nuevo proyecto, iba a tener que decir que no, por más que me costara. Y me propuse armar mi propia agenda bajo mis propios términos, mis propias expectativas y tiempos.

Antes de entrar a clases abrí un archivo que tengo en las notas de mi celular y de mi computadora que se llama

"Frases para recordar". Hace mucho tiempo que no lo abría y las leía. Ahí escribo frases e ideas que me inspiran y que me encuentro en libros, en Twitter, o en donde sea. Algunas me dan energía. Otras me hacen reflexionar. Y las mejores, me motivan. Cada vez que abro esas notas, siempre hay alguna frase que me llama más la atención que las otras. Creo que depende de qué estado de ánimo tenga. Esta vez con la que más me conecté, tomando en cuenta toda la situación, fue con esta:

"*Haz el doble de lo que te apasiona*".

Siempre me he sentido culpable por el hecho de que mis gustos son muy variados y diferentes, y que pocas veces he podido enfocarme en solamente una cosa.

Ahora tenía que elegir, aparte de las clases, el proyecto que más me llenara de energía. Porque siendo sincero, no podía solamente dedicarme a ser un estudiante de tiempo completo. Aunque por fuera me veo como una persona tranquila, tengo mucha energía por dentro.

Y a quien quiero engañar. Me gusta y me apasiona pensar en el país que podemos llegar a tener. No es algo que simplemente pueda olvidar después de haber visto ejemplos de países que estaban peor que nosotros y que ahora están mucho mejor.

Luego de años trabajando por mejorar una ciudad, y luego de una campaña en la que me la pasé pensando en todo lo que podíamos hacer para mejorar el país, más las cosas que me habían pasado mientras estudiaba mi carrera, sentía que tenía muchas cosas en mi cabeza que podría contar. Así que el proyecto que elegí para hacer mientras estaba en mis últimos meses de clases fue escribir este libro.

Ya tenía por dónde empezar. Todavía tenía conmigo la libreta que usé en Polonia en la que había escrito algunas ideas. Pero me dio miedo empezar y no terminar. Porque, aunque ya tenía esas notas para saber de dónde partir, no sabía cómo hacer que fuera todo un libro entero.

Desde que estaba en secundaria quería escribir un libro. Cuando sentía que encontraba la idea perfecta, empezaba a escribir y a desarrollar la historia. Luego pasaban varias semanas, me daba cuenta de que era la peor idea del mundo, y abandonaba el proyecto. Meses después, se me ocurría otra idea, volvía a escribir algunas hojas de esa nueva historia, y pasaba lo mismo: lo abandonaba cuando me daba cuenta de que era pésima idea. En total, pasaron más de diez años así. Porque antes creía que cuando tienes una idea, tiene que ser perfecta desde el principio. Y si no lo es, no vale la pena desarrollarla ni trabajar en ella.

Ya había pasado mucho tiempo desde el último intento. Y si en mi agencia de innovación podía ser creativo con los proyectos de nuestros clientes, ya era hora de empezar a serlo para mi propio proyecto personal.

Como ahora ya tenía más tiempo para reflexionar sin estar corriendo de un lado para otro, me pregunté a mí mismo "¿De dónde salen las ideas?". Es algo que me preguntan mucho porque ven que estoy involucrado en diferentes proyectos creativos en los que tenía que desarrollar grandes estrategias o grandes campañas.

Saber la respuesta a esa pregunta es importante. Estoy seguro de que, para poder cambiar México, cualquier persona va a necesitar de las mejores ideas para hacerlo. También le va a servir a cualquier persona que quiera cambiar algo de su vida y encontrar el verdadero propósito de estar en el mundo.

En las clases que tenía, escuché a muchas personas decir que no eran creativos. Y no estoy de acuerdo. El problema es que se relaciona la creatividad con el lado artístico de una persona: usar plumones de colores, hacer dibujos increíbles, hacer un diseño minimalista en la computadora o inventar la letra de una canción.

Cuando doy consultorías sobre este tema, hay un comentario que casi siempre nos han hecho los clientes cuando estamos pensando en alguna solución: "Ustedes que son creativos, a ver qué se les ocurre". Todo por esa confusión que hay entre ser artista y ser creativo.

Yo no estoy de acuerdo con esos comentarios. Todos somos creativos. Ser humano es ser creativo.

El problema está en que durante todos nuestros años en la escuela no lo practicamos. Y no haberlo hecho, hace que cuando crecemos, tampoco la practicamos mucho.

Ni buscamos hacerlo.

No tienes que saber dibujar o saber elegir la

combinación de colores perfecta para poder decir que eres creativo. Puedes empezar haciéndote preguntas a ti mismo sobre cómo puedes hacer algo diferente, lo que sea. Tayloe Harding, de la Universidad de Carolina escribió un artículo para la Arts Education Policy Review, en el que resalta que ser creativo significa mucho más que imaginar o crear algo que no existe, como muchos creen. Y propone un nuevo significado para la palabra creatividad:

"Es esa fuerza dentro de cada uno de nosotros que aparece cuando empezamos a sentir la necesidad de responder una pregunta sin respuesta, o con una mala respuesta, y empezamos a imaginar más de una nueva solución".

Me encantó. Así de sencillo es ser creativo. Tan fácil como hacerte esas preguntas y utilizar tu potencial para imaginar mejores maneras de hacer las cosas, aunque sea haciendo pequeños cambios. Y las posibilidades de lo que alguien pueda descubrir imaginando esas respuestas o cambios son infinitas.

Pero a veces siento que imaginar y soñar, no es tan común como creemos.

Nunca se me va a olvidar el olor a palomitas que había mientras caminaba en los pasillos alfombrados de Blockbuster. Podía pasar horas eligiendo una película para rentar (y podían pasar meses para regresar luego de las multas por no devolverla a tiempo). Es más cómodo ahora abrir tu computadora y pasar esas mismas horas eligiendo qué película ver en Netflix. Pero recordar lo retro nunca va a pasar de moda.

A principios de 2002, Blockbuster lanzó la preventa de "*Harry Potter y la piedra filosofal*". En mi casa, pase varios días convenciendo a mis papás de que me prestaran dinero para registrarme y poder pagarla. Tenía que tenerla. Cuando vieron que de verdad la quería, me dieron el dinero y hasta me llevaron a confirmar el pedido.

Pobres de los empleados que atendían el teléfono. Me la pasé haciendo dos o tres llamadas a diario para asegurarme de la fecha en la que iba a llegar la película. Ya moría por recogerla. Y cuando por fin llegó, llegamos a Blockbuster, y nos preguntaron que cuál versión queríamos. Mi papá quería que la pidiera en la versión de DVD. En la casa ya teníamos un reproductor de DVDs conectado a la tele. Pero yo solo conocía los casetes de VHS. Así que me aferré a lo antiguo. Aún tengo guardado ese casete junto con mis otras películas de mi infancia. Es una colección entera: Aristogatos, El Rey León, Toy Story y otras de las favoritas.

Como cualquier niño chiquito, veía mi película de Harry Potter cada que podía. Pero hasta que fui a casa de una prima y vi que su versión en DVD venía con dos discos, me di cuenta de había tomado una mala decisión. En un disco, venía la película de Harry Potter. Y en el otro, venían juegos y horas de material extra como el detrás de cámaras de la grabación. Salían los actores, el director, entrevistas con la escritora de los libros, la explicación de cómo creaban los efectos especiales y cómo acomodaban la música en cada escena. Me encantó. Pero yo por terco tenía el casete sin poder cambiar el idioma, sin poder agregar subtítulos y usando un aparato para regresar la cinta cada vez que se terminaba la película. De ahí en adelante cualquier película la empecé a comprar o rentar en DVD. Lección aprendida.

Podía ser fin de semana y yo estaba a media noche viendo los detrás de cámaras de las películas que más me gustaban. Desde entonces disfruto de ver cómo se logran hacer las cosas. Funciono así: si algún libro o película me gusta, busco entrevistas o discursos del escritor o del creador en las que platican cómo lo hicieron (¿alguien más hace esto?). De las personas que admiro o de mis ejemplos a seguir, siempre se me ocurren preguntas como a qué hora del día leía Obama en la Casa Blanca, o en qué lugares escribe J.K. Rowling y cómo prepara su café, de dónde saca ideas Dan Brown y cómo investiga los detalles de sus historias, o cuál es el método de Hillary Clinton para escribir discursos, y cómo dirige Mark Zuckerberg las juntas para evaluar los proyectos que van a desarrollar. Y amo investigar hasta los detalles más insignificantes, como qué plumas usan, en qué libretas escriben y cuáles son sus bebidas favoritas. Podría pasar horas buscando videos y viendo documentales sobre eso.

A esas cosas que hacen los creadores, les llamo rituales. Todos tenemos uno. Por ejemplo, ponerte audífonos y escuchar tu playlist favorita, escribir en esa libreta que tanto te encanta, ir a la cafería en la que siempre encuentras inspiración, prepararte una taza de café antes de empezar a trabajar, usar tu sudadera favorita para hacer tarea, sentarte en el mismo lugar de siempre para concentrarte, o cualquier otro pequeño detalle que te haga sentir cómodo y te llenan de energía para hacer tus actividades.

Ahora que lo pienso, buscar esos detalles o ver sus entrevistas es porque muy en el fondo, tengo la esperanza de que alguno de ellos revele, en esos detrás de cámaras y entrevistas, el secreto para tener ideas tan brillantes, extraordinarias, innovadoras y creativas como las de ellos. Pero en ninguno de los videos que he visto, y vaya que he visto muchísimos, alguno de ellos ha revelado ese secreto. Porque tal secreto no existe. En cambio, lo que reflejan es simplicidad en cada cosa que hacen. Sus días son como los nuestros.

¿Entonces cómo es que logran crear cosas tan increíbles que consiguen cambiar al mundo?

Hay una manera. Me dedico a los negocios internacionales. Pero también a la creatividad y a la innovación. Saber estas cosas me han ayudado en el camino. Y mucho. De hecho, cambiar México va a necesitar de muy buenas intenciones, es lo básico, querer hacer un bien. Pero para revolucionar todo, se va a necesitar de muy buenas ideas y muy buenas acciones. Todo empieza aquí.

Si alguien me pregunta de dónde salen esas buenas

ideas, mi respuesta es la que a mí me ha funcionado: salen de ti. Y de tu capacidad para observar y poner atención a lo que estás viviendo. Pero precisamente eso, es lo que ahora es cada vez más difícil.

¿Te suena conocido el nombre de Walt Disney? A quién no. Tiene un poco de experiencia de la que podemos aprender. Luego de crear una de las empresas más grandes en la historia del entretenimiento, lo que dijo fue esto:

"Las ideas son el resultado de la curiosidad".

Y el más famoso líder creativo en la industria de la tecnología, Steve Jobs, dijo lo mismo, pero, con otras palabras:

"Las nuevas ideas vienen de observar algo, de hablar con personas, de experimentar, de hacer preguntas y de salir de la oficina".

Los dos tienen en común esto: la calidad de tus ideas depende de tu capacidad de estar presente en el momento, y de qué tanto observas, y te mantienes curioso ante lo que ves.

Lo he visto en los detrás de cámaras y en las entrevistas de las personas que admiro. Están tan apasionados por lo que hacen que le dedican sus días enteros a eso y ponen atención en los más mínimos detalles. Y se mantienen enfocados. No creo, para nada, que Mark Zuckerberg se la pase todo el día viendo Facebook o Instagram. Hasta él se viste con la misma playera y los mismos pantalones todos los días porque no quiere gastar ni un poco de su energía decidiendo qué ropa ponerse en la mañana. Porque hasta eso, según él, puede afectar la atención y concentración que pone en tener ideas nuevas.

A mí me ha pasado que voy manejando, pero en lugar de ir poniendo atención en el camino, voy pensando en los pendientes que tengo que terminar, en los mensajes que tengo que responder, en la tarea que tengo que acabar. Y cuando llego a algún lugar, a veces hasta me asusto porque me doy cuenta de que no sé cómo llegué ahí.

¿Cómo se supone que encuentre nuevas ideas si la mayor parte del tiempo me estoy preocupando por cosas que tengo que hacer? Y cuando las estoy haciendo, tampoco me puedo concentrar bien porque estoy pensando en las otras cosas que también tengo que hacer después.

Estar presentes, de verdad, poniendo atención en el momento, no es algo que se promueva mucho en nuestras vidas. He visto letreros en algunos cafés pidiendo que sus clientes apaguen el celular y disfruten de la plática. Aunque las fotos de esos letreros se vuelven virales cuando los suben a Facebook, ¿quién les hace caso? Cada vez es más normal (y más triste) que estás con alguien y mientras platicas algo, esa persona está volteando a ver a su celular y hasta enviando mensajes.

Este último semestre, abrieron en mi universidad un

espacio para hacer mindfulness, que es básicamente meditar y tratar de olvidarte de todo por un momento. Steve Jobs nunca lo dejó de hacer. Hasta le llamaba una disciplina. Esto está en su biografía, escrita por Walter Issacson:

"Si te sientas y observas, verás lo inquieta que está tu mente. Si tratas de calmarla, empeora, pero con el tiempo lo hace, y cuando lo hace, hay espacio para escuchar cosas más sutiles: ahí es cuando tu intuición comienza a florecer y empiezas a ver las cosas con mayor claridad y a estar más en el presente. Tus pensamientos se ralentizan y ves mucho más de lo que podías ver antes."

Si él lo dijo, debe ser cierto. Y para los que necesitan algo más de evidencia sobre el poder de la meditación, hay estudios que demuestran que hacer mindfulness aumenta tu creatividad porque estimula tu cerebro de diferentes maneras y hace que prestes más atención, lo que provoca que estés más abierto a nuevas ideas. Y además activa tu capacidad de pensamiento divergente.

Un experimento demostró que los no meditadores tenían mayor rigidez cognitiva comparado con los que sí practicaban meditación regularmente o de vez en cuando. En el mismo experimento, los que no meditaban tenían una tendencia a tratar de solucionar los problemas que se les presentaron, con ideas antiguas. ¿Quién quiere ideas antiguas?

Así que no, meditar no es solo para hippies. Es para todos los que quieran auto conocerse, explorar hasta el lugar más profundo de su ser y encontrar paz para sus actividades diarias.

En algunas empresas hasta están promoviendo cada vez más la meditación para sus empleados, porque está comprobado que hacerlo también mejora el ambiente de trabajo.

Por eso entré a yoga. Quería relajarme y al mismo tiempo mejorar mi propia capacidad para concentrarme y de estar más presente, en el presente. Eso me ha ayudado a poder observar y escuchar más, y como resultado, me ha ayudado a tener mejores ideas.

La próxima vez que tengas algún problema que resolver, o que estés sentado con una libreta buscando nuevas ideas, tómate diez minutos, siéntate con las piernas cruzadas, empieza a respirar lenta y profundamente. No trates de detener tus pensamientos. Pero observa, o, mejor dicho, siente, cuántos son y sobre qué son. Trata de pensar más lento, pero el mismo tiempo, trata de poner más atención a cada uno de ellos. Después empieza a sentir tu propio cuerpo. Pon atención a los pequeños ruidos que hay. Sigue respirando profundamente. Vas a encontrar una parte de ti que no habías encontrado antes.

Hay videos en YouTube que te ayudan a tener una buena meditación si eres principiante. Yo los sigo usando de vez en cuando.

Luego de tanto tiempo estresado, hacer yoga y meditar no fue lo único que tuve que hacer para tranquilizarme. Si antes leía, luego de que perdimos la elección me puse a leer mucho más. Ahora estoy en un punto en el que no leer en un día ya no es una opción. Los libros me relajan y me desconectan de todos mis pendientes. Y lo mejor de todo: me dan ideas. Cuando aún es de día y apago mi Kindle después de leer un rato, me siento lleno de energía para hacer todo lo que se me ocurrió mientras leía. Si es de noche y ya tengo sueño, después de leer, me quedo reflexionando hasta que me quedo dormido. Pero de verdad que empezar o terminar el día leyendo un libro es muy diferente a cuando empiezo o termino el día pasando tweets o viendo historias en Instagram. Lo primero me tranquiliza, me abre la mente y hace que se me ocurran ideas, y lo segundo hace que me de FOMO y me sienta improductivo.

Digo que elegir un libro es como elegir a la persona con la que vas a tener una plática, por horas y días enteros. Como si eligieras a tus amigos, hay libros que son como discusiones de hechos o eventos. Hay libros con los que discutes sobre personas. Y libros con los que discutes ideas, acciones y proyectos. Lo que yo hago es encontrar un balance. Casi siempre leo algún libro de no-ficción, como de negocios, política o innovación, como el último que leí de la vida de Michelle Obama, y al mismo tiempo leo algo de ficción, como los thrillers de Dan Brown o James Paterson que me intrigan y hace que esté pase y pase de hojas (electrónicas) lo más rápido posible.

Hace varios años abrí mi perfil en Goodreads para poder llevar una cuenta de los libros que he leído. Algo pasa con esa aplicación. Siempre la he tenido. Pero nunca la he podido mantener realmente actualizada. Lo que sí me funciona muy bien es la lista de libros pendientes de leer, porque se conecta con las compras de Amazon. Así me evito búsquedas dobles. Y me mandan correos con recordatorios. Son como avisos que tratan de decirte "deja de comprar más libros y ponte a leer estos que están esperándote".

Hasta 2018 leí "*Crear o Morir*", de mi segundo periodista favorito, Andrés Oppenheimer (la primera siempre será Denise Dresser, lo siento Andrés.) Lo publicó en 2014. No sé qué pasó con mi lista de libros pendientes que este se quedó hasta abajo por cuatro años (gracias Goodreads). Más vale decir esto tarde que nunca: sí lo recomiendo. Tiene historias y entrevistas con personas increíbles que están transformando y revolucionando el mundo.

En el capítulo en el que habla sobre educación, hay una entrevista con Salman Khan, el fundador de la aplicación Khan Academy que sirve para aprender cualquier materia de la escuela en internet. Primero, explica cómo el modelo educativo que sigue utilizándose en todas las escuelas y universidades del mundo, es el que estableció el rey de Prusia en el siglo XVIII, justo como sigue siendo hoy en día: con el propósito de crear una clase trabajadora, dócil y respetuosa de la autoridad.

Cuando leí esto, me senté de golpe de la cama. Me emocioné porque algo así había estado pasando por mi cabeza esos días:

"Las nuevas realidades económicas ya no requieren una clase trabajadora, dócil y disciplinada, que solo tenga conocimientos básicos de lectura, matemáticas y humanidades. El mundo de hoy necesita una clase trabajadora de gente creativa, curiosa, y que se siga educando durante toda su vida".

Lo dijo Khan, y muchos más, como académicos y expertos en el tema. Pero el modelo educativo sigue siendo igual que el de hace cuatrocientos años. Parece una broma.

Muchas veces me preguntaba a mí mismo qué estaba haciendo yo en un salón escuchando hablar a un maestro diciendo exactamente lo que estaba atrás de él en sus diapositivas. Era más fácil que nos las enviara por correo y que cada quien las leyera en su casa o en algún café. O mucho más fácil: buscar la clase en internet, en YouTube o en alguna página académica como Coursera o Udemy. Pero ahí estaba, haciendo algo innecesario y anticuado.

No todos mis maestros fueron así.

Mi generación estuvo marcada por clases como Perspectiva Internacional. La maestra Elizabeth, o Ely, nos entregó al principio del semestre un calendario de lecturas. Era estrictamente obligatorio haber leído antes de entrar al salón. Si no lo hacías, todos se daban cuenta, porque antes de la clase había una discusión. Tenías que ir bien preparado con tus argumentos. Ella no iba con nosotros a leer diapositivas. Ella iba ahí para hacernos pensar, analizar y debatir.

Otra clase, al final de la carrera, fue sobre resolver un caso de negocios cada semana. Esos casos los publican en el sitio de Harvard Business Review. La lectura era en tu casa, luego seguía la discusión del problema en el salón, y al final tenías que preparar tu análisis y tu solución en equipo.

Fueron mis favoritas, las clases en las que te enseñan a pensar. Pero de más de cincuenta materias, muy pocas fueron así. Y después de pasar toda mi vida estudiando, puedo hacerme esta pregunta: ¿en dónde, desde primaria hasta profesional, hubo algo que promoviera creatividad, ideas nuevas y solución de problemas? En ningún lado.

Parece que todo está bien, hasta que quieres sentarte a pensar creativamente. Hasta que estás en medio de alguna situación y necesitas encontrar una solución. O hasta que estás buscando qué hacer para arreglar los problemas que tiene México. Ahí es en donde batallamos para encontrar las mejores ideas y donde nos damos cuenta de que nos falta creatividad.

Hay una caricatura en internet de una fila de niños entrando por primera vez a clases. Arriba de cada niño está su propia nube de imaginación, como normalmente se representan las ideas en los dibujos. Pero el maestro, en la entrada de la escuela, con unas tijeras va recortando esas nubes y a todos les va dando la forma de un cuadrado mientras van entrando. El mensaje es claro. El sistema educativo que tenemos no solamente no promueve la creatividad. También trata de hacer que todos pensemos igual.

En México y en el mundo vamos a tener más inventores y creadores, en cualquiera de los temas, creativos y científicos, sociales y empresariales, si suceden estas dos cosas: si hay una vinculación entre las empresas, los centros de investigación y las universidades, como lo propone Salvador Alva, y cuando en las escuelas, desde kínder hasta posgrados, dejen de enseñarnos a ser cuadrados y todos iguales. Tal vez en una época funcionó, porque fue la revolución industrial y se necesitaban de trabajos técnicos y repetitivos. Pero claramente en esta época ya no funciona ese sistema educativo.

Hay una pirámide que trata de ejemplificar visualmente cómo aprendemos los humanos. En la punta, hasta arriba, está escuchar, con solamente un 5% de retención. Después está leer, con un 10%. Sigue ver y escuchar algún material audiovisual con un 20%, y hacer una demostración con el 30% de retención. A todas esas se les llama métodos pasivos de aprendizaje. Luego están los que me gustan. Los métodos cooperativos. Participar en una discusión en grupo, con un 50% de retención. Practicar o hacer algo, con el 70%. Y hacer y enseñar a los otros, 90%. Está más resumido en el proverbio chino que dice "Lo que escucho, lo olvido. Lo que veo, lo recuerdo. Lo que hago, lo entiendo".

Desde que supe eso, siempre trato de platicarle a alguien más las cosas que leí o aprendí el día anterior. Así evito que se me olvide. Con esa pirámide también pude entender por qué me gustaron más las clases que me hacían pensar, discutir en grupos, o resolver problemas y casos. Porque eran con las que más aprendía.

Para allá tiene que cambiar la educación. A una en la que a diario se presenten situaciones para que los estudiantes busquen soluciones. Cada salón de cada escuela tiene que ser el ambiente perfecto para ser creativos y para aprender y desarrollar liderazgo. Es de lo que el mundo más necesita.

Dicen mis papás que cuando yo tenía 4 o 5 años, los despertaba, literalmente todos los días, para que me pusieran la película de Toy Story. Oficialmente soy fan de Disney Pixar desde los noventas. Todavía, a mis veinticinco años, cada que veo una de sus películas me queda la duda de cómo logran crear una obra maestra una y otra vez. Para empezar, ¿cómo se les ocurren esas ideas para las historias tan diferentes y tan creativas (que nos hacen llorar a todos)? Monstruos que asustan para tener energía eléctrica o que van a la universidad. Una casa con globos que flota en el aire con un abuelo y un niño. Un pez payaso que no encuentra a su hijo en el océano. Juguetes preocupados por ser desplazados por unos nuevos. Y no se diga Miguelito buscando a sus antepasados en la Tierra de los Muertos. ¡Son unos genios de la creatividad y las buenas historias!

Pasaron muchas situaciones adversas antes de que una de sus producciones tuviera éxito. Como en las mejores historias del mundo, la suya está llena de fracasos. Hasta financieramente hablando, Pixar llegó a un punto de bancarrota. Lo único que les quedaba era que Edwin Catmull, el fundador, y su equipo, querían cumplir el sueño que habían tenido en los setentas: lograr hacer un largometraje animado por computadora. La empresa fue vendida. Rescatada. Puesta en venta varias veces más. Y ni si quiera se dedicaban a hacer películas. Para tratar de ganar dinero, se dedicaban a hacer algunos efectos especiales y a producir anuncios de tele para una empresa de chicles. Muy diferente a lo que son ahora: los líderes creativos del mundo y un ejemplo a seguir. Ya son parte de la compañía Disney y un referente a nivel mundial de buenas ideas.

No solamente admiro su creatividad. Si te pones a pensar, cada una de sus películas se desarrollan en mundos completamente diferentes al nuestro. Pero eso no importa. Siempre logran conectarnos con las emociones, sentimientos y situaciones por las que pasan los personajes hasta llegar a un punto en la que nos atrapan por completo. Como en la película de Up, muchos ya estaban llorando en los primeros cinco minutos.

Desde que me enteré hace varios años que estaban produciendo una película animada sobre el día de los muertos, supe que iba a estar increíble. Y sí. Expectativas cumplidas y superadas. Me acuerdo de que al final de Coco, más de la mitad de los que estábamos en la sala de cine estábamos llorando.

Aunque no es una película mexicana, sí refleja muchos de nuestros valores y tradiciones, y lo hace bastante bien.

¿Y a quién no le encantó ver el espectáculo que amaron en los Premios Oscar 2018 con Gael García Bernal cantando? Al mismo tiempo que Guillermo del Toro ganaba como mejor director.

Justo después de esa edición de los Premios Oscar, The Times publicó un artículo con el título: "Cómo los mexicanos tomaron Hollywood". El periodista británico recuerda cómo el presidente Trump, en campaña, una vez trató de definir a los mexicanos como narcotraficantes, criminales y violadores. En su artículo, responde con eso:

"¿Podría sugerir una alternativa? Visionarios, modelos a seguir y ganadores de Premios Oscar. Tiene un bonito toque".

El texto es perfecto para ser un tweet y hacerse viral.

Según yo, el proceso para crear esas producciones tan increíbles y ganadoras de los más importantes premios en la industria del cine podría ser algo así: al director de la película se le ocurre la idea perfecta. Llama al guionista y se ponen a escribir y desarrollar la historia. En algunos meses debe de estar terminada. Presentan el proyecto a los directores de la empresa. Lo aprueban. Empiezan a trabajar en las escenas animadas. Graban las voces. Ponen la música. Y listo. La película llega a las salas de cine y todos hablan sobre ella. Es un éxito y todas las noticias hablan de la gran cantidad de dinero que recaudan, los críticos les dan las mejores opiniones, y los expertos la califican y nominan a los premios que seguramente ganará.

Ese es el es estereotipo de creatividad del que hablaba antes. Creer que cuando haces algo todo tiene que ser perfecto desde el principio. Y es extraño porque nadie nos dice que así debe ser. Por alguna razón creemos que a todos los genios se les ocurrieron sus ideas brillantes de la nada. Simplemente porque eran personas creativas.

En mi trabajo y en mi vida diaria tuve momentos así: podía ser media noche y yo seguía en frente de mi computadora. Aún con una página en blanco, cuando después de tantas horas ahí, ya debería de haber tenido un mensaje, algún discurso terminado, una tarea o algún proyecto listo para enviar. Pero escribía algo. Lo borraba. Cerraba la computadora. Y mejor me iba hacer otras cosas. En lugar de ponerme a hacerlo, esperaba el momento perfecto en el que fuera a sentirme inspirado. Siempre creía que algo tenía que hacerse cuando tu cuerpo, tu mente y tu espíritu se sintieran listas.

Esto es cierto: la inspiración está sobrevalorada. Le damos más poder del que deberíamos. No pude darme cuenta de eso hasta que leí el libro "Creatividad, S.A." del director de Pixar, Edwin Catmull. Lo que aprendí de cómo hacen las cosas: no le dejan todo el trabajo a la inspiración.

Ellos ven la creatividad como un proceso. Uno muy largo. Uno muy frustrante. Estas son palabras del propio director de Pixar:

"*Muchos de nosotros tenemos una idea romántica acerca de cómo surge la creatividad: un visionario solitario tiene de pronto la súbita percepción de una película o un producto. Entonces el visionario se pone al frente de un equipo y se sobrepone a grandes penalidades hasta hacer realidad finalmente la gran promesa. Lo cierto es que esa no es mi experiencia en absoluto. He conocido a muchas personas a las que considero genios creativos, y no solo en Pixar o Disney, y sin embargo no logro recordar una sola que haya podido expresar claramente qué es lo que quería conseguir cuando inició la aventura. Según mi experiencia la gente creativa encuentra su invención a lo largo del tiempo y tras una lucha prolongada e incesante.*"

Toma este ejemplo. Monsters, Inc. La idea de la película era que se tratara sobre un señor de cuarenta años que de repente empieza a ver monstruos que lo acompañan a todos lados. Eso suena totalmente diferente a la historia de Sully, Mike Wasowski y Boo que ahora están en la película. Pasaron meses desarrollando esa historia con la idea del señor como protagonista, haciendo bocetos de los personajes y escribiendo los diálogos. Grabando las voces y animando los dibujos. Y cada vez que el equipo que estaba a cargo de hacer la película presentaba los avances al equipo de la compañía, iban cambiando pequeños detalles de la historia. ¡Imagínate cuántos detalles cambiaron para que el resultado fuera la película que ya conocemos!

Así es como lo hacen. Tienen una idea, muy imperfecta. Y entran a lo que ellos llaman, a un *proceso iterativo*. Volver a trabajar sobre algo que ya habías trabajado. Volver a reflexionar sobre la idea que ya habías reflexionado. En pocas palabras, la creatividad es retrabajo. Ellos mismos aceptan que es 5% inspiración y 95% frustración. Por eso es muy importante que te guste lo que haces. Porque sea lo que sea que estés haciendo o tengas pensado hacer, para que sea genial, va a requerir de mucho retrabajo. Si ellos pasan dos, tres o cuatro años perfeccionando una sola historia, tú también puedes dedicarte a hacer lo mismo con tus proyectos e ideas. Pero nunca abandonarlas pensando que no son buenas.

Otro ejemplo. Facebook empezó siendo un sitio web que solamente podían ver los estudiantes de la Universidad de Harvard. Tenía una sola sección en la que aparecían fotos de dos estudiantes, y hacías clic en la que más te llamara la atención. Eso era todo. Te apuesto a que nadie se imaginó en ese momento que diez años después, la cantidad de usuarios de esa página iba a ser más grande que la población de un país entero. Y que esa misma página iba a servirnos con miles de funciones para comunicarnos con todos nuestros conocidos alrededor del mundo y enterarnos de las noticias de último momento (y que hasta iba a interferir en cómo las persona iban a votar en las elecciones presidenciales).

Y así como esas dos historias, hay miles. Así que jamás te sientas culpable, triste o desesperado por no tener una buena idea. Mejor toma una pluma azul, elige una libreta, respira, observa lo que hay a tu alrededor, anota tus ideas, y desarróllalas. Haz que esa idea sea buena. Olvídate de estar inspirado. Solo hazlo. Al día siguiente, revisa tus notas del día anterior. Te aseguro que se te va a ocurrir cómo mejorar lo que escribiste. Haz más notas. Con eso, ya estarás haciendo lo mismo que hacen en la empresa más creativa del mundo. Y en muchas otras que han cambiado el mundo.

En Amazon venden una taza con esta frase:

"Deja que tus acciones hagan el pensamiento".

La autora es Charlotte Brontë, hermana de la escritora de *"Orgullo y Prejuicio"*.

Todos deberíamos de tomar café de esa taza. Tal vez estar recordando esa frase a diario nos motivaría a tener más ideas, y mejorarlas mientras las ponemos en marcha. Como le han hecho todas las personas y empresas exitosas.

"La mejor manera de empezar algo es dejar de hablar sobre eso y empezar a hacerlo".

-

Walt Disney

Lo Que Importa

Antes, las personas atesoraban sus ideas como lo más valioso que había en el planeta. Ya sea que fuera un invento, un negocio, una historia, un producto o lo que fuera, les aterraba que alguien los escuchara hablando sobre esa idea. Cuando se armaban de valor para platicarle a alguno de sus amigos o conocidos sobre su proyecto, era como en las películas de espías. Imagínate a un señor con gabardina y sombrero para que nadie lo reconozca. Se queda de ver con alguien en la entrada de un bar o un café con poca gente. Se aseguraban de que nadie los esté siguiendo y se sientan en el lugar más lejano y más oscuro. El de la idea se quita el sombrero, y antes de arriesgarse a platicarla, voltea hacia todos lados para volver a verificar que nadie los esté escuchando.

Somos más de siete mil millones de personas en el mundo. Ahora lo que sobran son ideas. Y entre más la compartas y más personas se involucren, mejor. Sí importa mucho ser creativos. Mejorar cada vez más. Pero este capítulo se trata de lo que sigue. Y de lo que realmente importa.

Al final, el valor de una idea depende del uso que le das. Lo dijo Thomas Edison.

Me ha pasado más de quince o treinta veces que veo que alguien anuncia un nuevo producto o lanza alguna nueva aplicación o ponen un nuevo negocio y me digo a mí mismo: "¡Ah! ¡Yo había pensado en hacer eso!". Y estoy seguro de que también te ha pasado a ti. El famoso "ya se me había ocurrido a mí antes". Steve Jobs lo dijo en una entrevista en los noventas: "tomar crédito de las ideas es lo más fácil que hay". Lo difícil es ejecutarlas.

Algo así me pasó como cuando traté de lanzar mi fundación. Lo dejé en ideas. De nada sirvió que estuviera por más de un año planeando. Para empezar, tardé meses en escoger un nombre. Luego, me tardé todavía más meses en poder escoger un solo tema y una sola causa.

Pero ahí se quedó todo. En idea.

Así que este siglo ya no es el de las ideas, como lo fue el siglo pasado. Es el siglo de la ejecución. Si volteas a cualquier lado, vas a poder comprobar eso. En donde sea. ¿Quién está avanzando? Los que están ejecutando sus planes. Los que están poniendo en marcha sus ideas. Los que en lugar de quedarse pensando una y otra vez las cosas, las están haciendo y mejorando.

No es fácil. Ser un ejecutor y no solamente un soñador se ha vuelto cada vez más difícil. Las distracciones están por todos lados. También las excusas. Y los miedos.

Puedes hacer estos cálculos por ti mismo. El día tiene veinticuatro horas. Aproximadamente pasas ocho durmiendo (eso espero). Te quedan solamente dieciséis. Si te toma una hora desayunar, comer y cenar, te quedan trece horas. ¿A qué las estás dedicando?

Un estudio que hizo la Asociación de Internet Mx sobre el tiempo que los mexicanos pasamos en línea, dio como resultado que, en promedio, pasamos dos horas con cincuenta y ocho minutos en redes sociales. Prácticamente tres horas. Algunos días pueden ser más (gracias Netflix). Ok. Entonces de las trece horas, ahora te quedan diez. Falta contar el tiempo que tardas en bañarte, vestirte y arreglarte. Menos los traslados. Las pláticas con conocidos y amigos. Las llamadas. Todo lo que sucede en un día normal.

Perder el tiempo es como el gasto hormiga en finanzas. Puedes comprar un café y snacks a diario pensando que solo te gastas cincuenta o cien pesos. Pero cuando ves el total al final de mes en tu estado de cuenta, fue 3000% más de lo que tú pensabas.

La versión más reciente de iOS para iPhone tiene un contador del tiempo en pantalla. Y un contador de notificaciones. Cuando apenas había pasado una semana desde que instalé esa actualización, me asusté con los números. Primero, la cantidad de horas que pasé por día en mi celular fue prácticamente el mismo número que publicó la Asociación de Internet Mx. Tres horas diarias. Eso sin contar el tiempo que paso en mi computadora. También cuenta cuántas veces consultaste tu celular, para lo que sea. Ochenta y cinco veces al día, en promedio. Lo segundo que más me asustó: las notificaciones. Apple calculó que son ciento sesenta notificaciones por día, en promedio.

Si antes de ver eso alguien me hubiera preguntado sobre cuánto tiempo paso en el celular, hubiera dicho que casi nada. Yo era de los que se sentían orgullosos de no pasar tanto tiempo como los demás en internet. Aparte, desde que perdimos la elección, entré a yoga y empecé a organizar más mi agenda y mis tiempos, según yo ya no necesitaba excesivamente el celular como antes que tenía que estar todo el día revisándolo. Pero los números son los números. Y significan demasiado.

Empieza por ahí. Preguntándote a qué le estás dedicando tú tiempo. Porque no es relativo. Como muchas de las cosas que se necesitan en la vida real, el manejo del tiempo no es algo que aprendimos en la escuela. Lograr ejecutar tus ideas depende completamente del tiempo que les vayas a dedicar. Y poco se va a lograr si ese tiempo es cero.

Cuando platico con las personas sobre los planes o proyectos que tienen y les pregunto cuándo lo harán, escucho siempre estas respuestas: "el próximo año", "primero tengo que planearlo", "ahorita estoy muy ocupado". Así que me doy cuenta de que sigue siendo una idea que no ha llegado a ser un plan. Menos una acción. El día que alguien me enseñe o me diga que tiene un calendario dividido en etapas, y que lo está siguiendo, no sé cómo vaya a reaccionar. Probablemente lo abrace de la emoción. Y lo empieza a admirar más.

Terminar de ejecutar tu idea no tiene que ser de un día para otro. Las buenas cosas requieren tiempo. Por eso tu idea tiene que ser una que te apasione y te llene de energía. Porque necesita mucho de tu tiempo. Y de tu mejor esfuerzo.

Eleanor Roosevelt, la primera esposa de un presidente de Estados Unidos en ser activista al mismo tiempo que primera dama, una vez dijo esto:

> "*El futuro pertenece a todos aquellos que crean en la belleza de sus sueños*".

Siempre va a ser verdad. Porque una vez que empieces a ejecutar tus ideas y los conviertas en planes y acciones, se va a requerir demasiado. Muchas noches sin dormir. Una cantidad bastante grande de tiempo. Frustración mientras retrabajas tu idea. Pruebas y errores.

Y hasta puedes recibir una cantidad inmensa de críticas, como cualquier persona que se está aventurando en creer en sus sueños.

Si a ella no le hubiera apasionado y llenado de energía pensar en soluciones para resolver muchos de los problemas sociales de su época, como acabar con la desigualdad, tal vez nunca se hubiera firmado en la ONU la Declaración Universal de los Derechos Humanos. Y aunque ahora la admiramos y está calificada como una de las mujeres con más influencia, en su época fue criticada por ser "demasiado activa e independiente" para su época. Le decían una y otra vez que no encajaba en su rol de primera dama. Pero se mantuvo firme a sus valores, se apegó a su plan, y no se quedó soñando sobre todo lo que podía hacer. En cambio, lo hizo.

Acordarme, a veces, de su dedicación y su trayectoria, y de la de las otras personas que admiro, me hace reflexionar sobre lo que me apasiona y lo que no. Y a mantenerme activo. Ninguno de ellos llegó o han llegado a un punto en el que ya no hacen más.

Sé que dar los primeros pasos a veces es lo más difícil. ¿Pero quién define lo difícil o fácil que se ve hacer algo? Tú. Y lo mucho o poco que desees hacer algo.

Cada quien vive según su estilo. Pero según un estudio, hay una similitud entre las personas que no ejecutan o ponen en acción sus ideas. Están muy ocupados, tienen un trabajo muy demandante que los absorbe, y no se dan el tiempo para definir sus propias prioridades. Darte cuenta de esto es el primer paso.

Yo también me he llegado a sentir sin salida y ahogado en pendientes. Cuando tengo esas rachas, veo mi calendario y me fijo en el día libre más cercano. Es como una auto tortura. Estar consultando los días que faltan para tener un momento de paz. Y también son lecciones. Es ir aprendiendo y probando qué te gusta y qué no. Hay que ir llenando más tus días de lo primero y eliminando todo lo segundo.

Hay un emprendedor que se llama Derek Sivers que se define a él mismo como alguien que quiere hacer muchas cosas. En su sitio web, escribe esto: "Quiero hacer artículos, libros, sitios web, música, compañías, sistemas, aplicaciones y especialmente nuevas ideas." Básicamente de todo. Hasta ahora, ya vendió dos de sus compañías y está en Singapur en un año sabático que está aprovechando para seguir creando.

Me gusta su enfoque. En uno de sus escritos también explica lo que ha definido su vida: decir no a la mayoría de las cosas, para poder dedicarle el mayor tiempo posible a lo que tiene que hacer.

Lo que comparto en Twitter casi siempre es porque quiero que otras personas también lo vean. También le doy otro uso: guardar cosas que me gustan y que quiero recordar después. A algunas les doy retweet o like. A veces me encuentro frases, las copio, las pego y las publico. Como la frase que puse de Derek.

"¡Si no estás diciendo ¡hell, yeah! sobre algo,
mejor dile: no".

Con todo eso en mente, fue más fácil hacer mi Plan B. Mis prioridades quedaron por escrito así:

- Cinco materias (las últimas) en las que quería sacar la mejor calificación posible.

- Escribir mi libro.

- Lanzar al mercado un nuevo suplemento alimenticio.

Ese fue mi plan para el corto plazo. En eso se dividieron mis días. En lugar de planear la toma de protesta de un diputado y hacer que su oficina fuera la mejor del país, me enfoqué en esas tres cosas. Y en tres proyectos que teníamos en puerta en mi agencia de consultoría.

Parece mucho. Pero en mi plan, pude acomodar perfectamente el tiempo en un calendario para poder dedicarle tiempo a cada una de mis prioridades. Las dividí en etapas, y fui poniendo objetivos y fechas límite. Me dije a mí mismo que no todo tenía que salir perfecto. No pasa ni en las empresas. Pero sí tenía que apegarme al plan lo mejor posible.

Ese plan tengo que hacerlo más extenso la próxima vez. Uno de los libros que también leí en esos meses fue el de la directora ejecutiva de Facebook, Sheryl Sandberg. Ella recomienda tener un plan personal de dieciocho meses. En el libro cuenta que ella así lo ha hecho siempre. Tiene su propia explicación para ese número. Dice que doce meses sería muy poco, enfocado al corto plazo. Y veinticuatro meses le suenan a mucho tiempo. Dieciocho es perfecto.

Lo peor es cuando esa planeación está en ceros. No tener un plan es no saber a dónde vas. Así como le pasa al país y a muchas empresas. Y este número es como una alarma de emergencia: 99% de las personas en el mundo no planea su vida personal. Con esa cifra podemos entender por qué a muchas personas no les gusta su trabajo, son infelices, o no encuentran propósito en lo que hacen.

Pero no es algo que no se pueda corregir. Solo hay que hacer cambios y ajustes. Como cuando me cambié de carrera. Ese día tuve que poner en un Excel un calendario para saber en cuánto tiempo podría graduarme con las materias que me faltaban.

Hasta puedes aprovechar un domingo para hacer tu plan. Al menos en borrador. No tiene que ser uno perfecto. ¡Al contrario! Lo vas a ir modificando conforme pase el tiempo. Pero algo seguirá constante: vas a ir encaminado a algo a lo que tú le veas propósito. Eso ya es una gran ventaja competitiva.

Aparte de eso, las fechas límite que vienen en una planeación, son algo que muchos estudios y experimentos han comprobado que funcionan. Son como una especie de presión para nosotros mismos para cumplir los objetivos que nos vamos poniendo. No es lo mismo decir "tengo una idea para una aplicación" que decir "hace poco se me ocurrió una nueva aplicación y la voy a lanzar el 10 de noviembre de 2019". Y no se trata de exagerar en las fechas límite. Ni muy tarde, ni muy pronto. Simplemente tienen que ser realistas.

Tener un calendario a mí me ha funcionado mucho. Me gusta ponerle día y hora a los pendientes que tengo. Y separar espacios en mi propia agenda para dedicarlos a mis proyectos. Tal vez suene exagerado, pero agendo todo (no sé por qué no lo hice antes). Literal todo: las salidas con mis amigos, las comidas, a veces hasta el tiempo para leer. Pero de nuevo, esto es lo que a mí me ha funcionado. Cada quien tiene que descubrir lo que le funciona.

Conozco personas que son altamente efectivas y utilizan sistemas complemente diferentes al mío. Como hacer checklists en un cuaderno. Otros como yo son totalmente digitales. Algunos otros llevan una agenda impresa a todos lados y anotan los pendientes en alguna aplicación. Unos utilizan Wunderlist y otros Google Tasks. Conozco hasta personas que no llevan ningún control y son extremadamente capaces de recordar todo lo que tienen que hacer. Eso no es para mí. En mi mundo, si no está por escrito, sé que no va a suceder.

"Un sueño puesto por escrito con una fecha, se convierte en un objetivo. Un objetivo dividido en diferentes pasos se convierte en un plan. Y un plan respaldado por acciones, convierte a tus sueños en realidad", escribió Greg S. Reid, uno de los autores y conferencistas más famosos en el tema de emprendimiento. Suena inspirador. Y también es realista. Para comprobarlo, la doctora Gail Matthews, de la Universidad Dominicana en California, hizo un experimento con dos grupos de personas: los que ponían sus sueños por escrito y hacían un plan, y los que no. Descubrió que, como dice la frase, los que ponen por escrito sus metas, tienen un 42% más probabilidad de alcanzarlas. Solamente por haberlos puesto por escrito.

Para cualquier escéptico, esto ya es ciencia. No solamente frases motivadoras.

Los primeros días de clases nos entregaron el calendario con todas las fechas importantes para la graduación. Una hizo que entrara en pánico. El día del examen de mi carrera, el CENEVAL. Tendría temas y preguntas de todas y cada una de mis clases. Yo sentía que no sabía nada, aunque ya estuviera en último semestre y me encantaran y apasionaran los Negocios Internacionales.

En septiembre, un mes antes del examen, imprimí una guía de cuatrocientas páginas para empezar a estudiar. Tenía miedo de sacar cero y miedo de que todo mundo se diera cuenta que no sabía nada y que no era apto para esa carrera. Y lo peor de todo: si sacaba cero o reprobaba, yo mismo me iba a dar cuenta que otra vez había escogido una profesión que no era lo mío.

Parte del síndrome del impostor es creer que los demás están esforzándose más y haciendo las cosas mejor que tú. Por eso muchas personas pasan mucho tiempo revisando y trabajando sobre lo mismo una y otra vez, sin pasar a lo que sigue. Los famosos "perfeccionistas". Esto es muy común. A mí me pasa seguido con los proyectos de algunos clientes. Los reviso infinitamente y no puedo estar en paz. Me pasó cuando entré a universidad cuando creí que todos eran más inteligentes que yo, y ahora otra vez, con el examen, que sentía que no sabía nada.

Si son exámenes o trabajos de la escuela, llega la fecha

para presentarlos o la fecha de entrega. Y listo. Pero cuando se trata de metas personales, muchas personas, cuando quieren proponer algo en su empresa, o cuando quieren abrir su propio negocio, pueden pasar horas, días y semanas tratando de perfeccionar algo, hasta que se aburren y lo abandonan porque no llegó a ser perfecto. Y termina siendo otro proyecto más que se quedó sin ejecución.

Cuando me esforzaba de más para presentar el mejor proyecto final en alguna de mis clases, resultaba que alguien que había hecho el mínimo esfuerzo, cumpliendo con las expectativas que había puesto el maestro, obtenía la misma calificación que yo. No parecía justo después de una o dos noches sin dormir preparando y ensayando todo. También me pasó con muchos de los clientes cuando se trataba de preparar algún proyecto visual. Me enfocaba en miles de detalles y al final nadie se daban cuenta de ellos.

Hecho es mejor que perfecto. Es uno de mis nuevos mantras. Y me lo tengo que estar repitiendo a mí mismo cada que estoy a punto de entregar algo y me entra la desesperación por volverlo a revisar y modificarlo de nuevo. Es una manera de hacer más rápido las cosas. Más importante: una manera de terminar las cosas.

La perfección muchas veces puede ser el más grande enemigo del progreso. Hace que trabajes más lento y como dije al principio, tratando de alcanzarla, terminas abandonando lo que ya habías avanzado. Y cuando dejas sin terminar las cosas que ya te habías propuesto, vas perdiendo poco a poco tu capacidad de confiar en ti mismo y la seguridad de que lo que dices, lo haces. Anne Lamott, escribió esto:

"*El perfeccionismo es la voz del opresor. Te mantendrá demente durante toda tu vida, y es el principal obstáculo entre tú y un primer borrador que apesta. Creo que el perfeccionismo se basa en la creencia obsesiva de que si corres con el suficiente cuidado, dando cada paso correctamente, no tendrás que morir. La verdad es que morirás de todos modos y que muchas personas que ni siquiera voltean a ver sus pies, van a vivir mucho mejor que tú, y se divertirán mucho más mientras lo hacen*".

Acertó en cada una de sus palabras.

No nos confundamos. Ser mediocre no es opción. Una cultura del mínimo esfuerzo no haría nada para hacernos salir adelante. Ni como país ni en nuestras vidas personales o profesionales. Al contrario, estaríamos retrocediendo. Pero aceptar que nada de lo que hagamos va a ser perfecto, nos da espacio para poder sentirnos cómodos con el trabajo que hayamos hecho. Y poder, por fin, terminarlo. No hace falta perder y gastar toda tu energía y tu tiempo en el proceso.

En 2007 cuando Apple lanzó la primera versión del iPhone, aparte de que era un aparato enorme comparado con las versiones de ahora, ni siquiera tenía una tienda de aplicaciones. Estoy completamente seguro de que ya se les había ocurrido y la estaban desarrollando. Pero como hecho es mejor que perfecto, lanzaron el iPhone como estaba. Hasta meses después anunciaron una actualización que incluía la AppStore. Y siempre hay fallas y bugs en sus sistemas operativos. Por eso tantos avisos de que hay que actualizar el sistema en nuestro celular. Pero si esperaran que todos sus productos fueran perfectos para lanzarlos al mercado, jamás hubieran anunciado ni uno.

Una maestra que vivió en China mientras daba clases y estudiaba su maestría, se dio cuenta que cada que hacía preguntas en el salón, entraban a un momento de silencio absoluto. Aunque sí hubieran leído el material y supieran la respuesta, ni una palabra. Llegó a un momento en el que tuvo que hacer preguntas directamente apuntando a alguien o diciendo el nombre de alguna persona. Ni eso acabó con el problema. Porque cada que pasaba eso, la persona a la que le tocaba responder, primero, ponía una cara de pánico y luego empezaba a hablar, muy lentamente. Después de un tiempo se dio cuenta que todos tenían miedo a equivocarse y de hacer el ridículo. Es algo fuerte y muy común en algunas culturas asiáticas, como en Corea, que no se arriesgan, de ninguna manera, a perder su honor.

Es el ejemplo más claro del síndrome del impostor. Los estudiantes sabían las respuestas a las preguntas porque se habían preparado, pero no creían que se habían preparado lo suficiente. Querían ser perfectos. Y como sentían que no lo eran, mejor no participaban. Ya en México, la maestra contó como broma, que, si hubiera estado dando esa clase aquí, todos hubieran querido opinar aún sin haber leído antes el material. Al menos confiamos en que podemos manejar las cosas bien.

Cuida que jamás te encuentres en ese extremo en el que estaban los estudiantes chinos. Hay que cuidar lo que hacemos y decimos para que ambas cosas vayan de acuerdo con nuestra forma de ser, haciendo un buen trabajo y dando un buen esfuerzo, pero sin miedo a equivocarnos. Si no nunca vamos a crecer o aprender de nuestros errores. Porque los estaremos evitando. Y por lo tanto manteniéndonos justo en donde estamos. Sin progreso.

Son elecciones y decisiones que hay que empezar a tomar.

Algunos de mis proyectos sí necesitan más atención que otros en pequeños detalles y tengo que dedicar mucho más tiempo a ellos. Otros no. Pero cuando estoy haciendo algo y me doy cuenta de que estoy pasando más del tiempo necesario, respiro profundamente, veo el progreso que llevo y reconozco que probablemente ya es suficiente como para declararlo terminado. Y es todo. Hora de moverse a lo que sigue.

Muchas veces ya sé todo lo que hay que hacer, pero simplemente no puedo hacerlo. No encuentro la energía, o no me siento concentrado o preparado para hacerlo. Y se forma un círculo vicioso. Me estreso porque tengo muchas cosas qué hacer, pero no las hago. Y me pongo a ver fotos en Instagram o una serie en Netflix. Pero no lo hago a gusto. Más bien hago todo eso estresado. Y entre más se acerca la fecha de entrega o fecha límite, más fotos y más capítulos veo. Hasta que llega la última hora y me pongo a hacerlo, bajo presión, y me doy cuenta de que no estaba tan difícil o retador como parecía. ¿Te ha pasado algo así? Se le llama procrastinar. Hay estudios que demuestran que procrastinar, no es tan malo como parece, como antes se creía. Pero aquí hay que diferenciar. Una cosa es procrastinar, y otra cosa es ser perezoso.

En la Universidad de Wisconsin, Jihae Shin, hizo un experimento en la que le pedía a los participantes presentar ideas novedosas de negocios. Dividió a los participantes en tres grupos. Al grupo uno, se les pidió anotar y entregar la idea inmediatamente. Al grupo dos, los pusieron a jugar un rato antes de hacer lo mismo que el grupo uno. Y al grupo tres, se les pidió postergar la entrega de la idea. ¿Te imaginas cuáles fueron los más creativos? Los últimos. La conclusión de Shin fue que uno de los beneficios de dejar todo para el final es que fomenta la creatividad, porque al tomarte tu tiempo para hacer las cosas, tu mente tiene más posibilidades de divagar y darle más vueltas al asunto.

Este experimento, y otros similares, han hecho que los psicólogos en todo el mundo tengan discusiones que hasta la fecha no han terminado en una conclusión sobre procrastinar y la productividad de las personas. Algunos han llegado a tener acuerdos, y han podido clasificar los comportamientos de dos maneras: los procrastinadores activos y los pasivos. Los primeros, los procrastinadores activos, postergan una tarea mientras están haciendo otra. Y los segundos, los pasivos, postergan la tarea, la olvidan, y además no realizan ninguna otra. Hay que ser como los primeros. Ni hacer todo con una extrema anticipación, ni olvidarlo y hacerlo días o meses después de que debió de haber estado terminado. Esta es una buena frase para recordar en este momento:

"La virtud es una disposición voluntaria adquirida, que consiste en un término medio entre dos extremos malos, uno por exceso y el otro por defecto".

Encuentra el punto medio. Y busca cómo procrastinar bien, como los del primer grupo del experimento de Johae Shin. Si vas a postergar algo, que sea para que resulte mejor. Para tener más tiempo para analizar, pensar o innovar más. No para abandonarlo por completo.

El escritor Paul Graham dijo que la procrastinación buena es evitar los pendientes para hacer trabajo real. Y tú defines qué es el trabajo real. Trata de que sea lo que te vaya a acercar más a cumplir tus metas. Parte de crecer y madurar es aprender a hacer eso. A elegir bien tus batallas. Las cosas a las que les vas a dedicar toda tu atención y tu esfuerzo. No se puede hacerlo todo. Y no todo vale la pena. El tiempo es una de las cosas más valiosas que tienes.

En mi caso, entre más me gusta algo y más propósito le encuentro, menos tiempo procrastino. He sido parte de proyectos en los que estoy tan apasionado que puedo dedicarle días enteros sin darme cuenta, dejando mensajes sin contestar, mi cuarto sin ordenar y tareas sin entregar. La diferencia es que unas cosas harán que tenga mejores resultados y otras no.

En algún momento en los años de mil ochocientos, el filósofo Henry David Thoreau, se dio cuenta que todos tenían cosas por hacer. Se tomó un tiempo para reflexionar. "No es suficiente estar ocupados, también lo están las hormigas. La pregunta es, ¿en qué te estás ocupando?", escribió. Doscientos años después y sigue siendo algo importante para estarnos recordando todo el tiempo.

Para alguien que quiere escribir un libro, abrir una organización sin fines de lucro, producir un cortometraje, poner un negocio o terminar un proyecto, es muy común encontrarse con el "no tengo tiempo, estoy muy ocupado". Lo entiendo. Hay que limpiar la casa, lavar la ropa, darle de comer al perro, ir al banco, terminar un ensayo, ir a comprar la comida de la semana, recoger a los hijos, contestar los mensajes y correos, y aparte visitar a la familia y salir con amigos.

No hay que caer en esa ilusión de que entre más pendientes tachemos, más creceremos. Puedes dedicar un día entero trabajando sobre algún objetivo que te llevará a algo más grande y que te acercará más a cumplir tus metas, o puedes gastar todo el día terminando diez o quince pendientes del día a día, que, aunque se tenían que hacer y creerás que al hacerlos estás siendo productivo y eficiente, no te harán avanzar más en tus planes.

La mayoría de los domingos en la noche, reviso mi agenda de la semana. Anoto las prioridades en alguna libreta o papel, y una vez que están definidas, ajusto los tiempos. Trato de poner lo más importante en las mañanas. Mis días favoritos son en los que puedo dividir el tiempo y dedicar las mañanas a una cosa, como tener alguna junta creativa con algún cliente potencial, y en las tardes dedicarme a escribir. O al revés.

Hay días que despierto, voy a mi clase de yoga, y tengo que dedicar el día a trámites, hacer facturas, enviar correos, lavar el carro, limpiar mi cuarto y darle de comer y pasear a Kira. Aunque sé que muchas de esas cosas no hacen que cumpla mis metas, como ya había dicho, se tienen que hacer y por algo las había agendado.

Varios meses antes de cambiarme de carrera, cuando todavía estaba en Ingeniería Industrial, tenía una obsesión con ser la persona más productiva y eficiente. Como en ese entonces tenía muchas actividades, organizaba eventos y me involucraba en diferentes organizaciones y grupos, ya podrás imaginarte mi larga lista de pendientes. En mi desesperación por lograr hacer más cosas y cumplir más metas en menos tiempo, un día que ya no podía más, fui a la biblioteca de mi universidad directamente a buscar un libro que había estado investigando en internet: "Los 7 hábitos de las personas altamente efectivas" de Stephen

Covey. Encontré una de sus primeras ediciones. Bajé al primer piso para rentarlo. Entregué mi credencial. Corrí a mi carro. Pasé a comprar un café. Llegué a la sala de mi casa. Y me puse a leer.

Nada me hizo sentido. Cada que avanzaba una hoja más era porque no perdía la esperanza en que en la siguiente encontraría el secreto. Pero no lo encontré nunca. Al final sentí que había perdido mi tiempo leyendo eso en lugar de seguir siendo productivo.

Ya sé por qué no encontré nada que me ayudara a ser altamente efectivo en el libro, como lo prometía el título. En ese entonces no me di cuenta, pero lo leí buscando aprobación para mi propio sistema de hacer las cosas. Quería encontrar frases para ser fuerte, mantenerme concentrado y seguir haciendo todo lo que tenía que hacer. Antes tenía una idea radical de lo que era ser eficiente. Pensaba que tenía que estar altamente estresado. Me llenaba de pendientes para cumplir en un día. Si pasaba algo trataba de resolverlo al instante. Hacía llamadas y me llenaba aún más de pendientes. Hacía lo urgente. Dormía muy poco (y me sentía orgulloso de eso). Siempre estaba cansado. Tomaba mucho café y comía mucha comida chatarra. No sé por qué adquirí ese estereotipo de una persona eficiente. Tal vez fue por alguna película o libro. Simplemente pensaba que así funcionaba. Y que me tenía que acostumbrar.

Ese no es el camino. Y me costó aprenderlo. Hubo meses en los que me enfermaba cada dos o tres semanas del estómago. Comencé a comer más saludable, pero eso parecía no importarle a mi cuerpo. Hay una película animada para niños que se llama Madagascar. Uno de los personajes es una jirafa que se llama Melman que siempre estaba enferma. Y para cualquier síntoma se sabía de memoria las medicinas que tenía que tomar. No pensaba en otra cosa más que en su salud. Mis amigos y mis hermanas me decían que yo estaba igual que Melman. Siempre con algún síntoma y siempre con medicinas en la mochila. Cuando alguien se enfermaba ya sabían que al que le tenían que pedir consejos era a mí.

No era nada más que estrés. Ahora no me he vuelto a enfermar. Solamente una vez, y fue de gripa. Fue justo en una semana que no pude ir a yoga (¿coincidencia?). Pero me recuperé rápido con shots de jengibre, limón y toronja.

Siempre me ha gustado investigar sobre las propiedades de los alimentos naturales. Como el polvo de matcha: son las hojas del té verde puestas a secar bajo el sol, y después las muelen. Con leche de almendra y algún endulzante, sabe delicioso. Se ha comprobado que tiene hasta diez veces más antioxidantes que un té normal. Y además de que te da energía, también te relaja.

Así llegamos a la idea de lanzar nuestra propia marca de suplementos alimenticios naturales. Mi socio y yo, llevábamos muchos meses platicando sobre eso. Pero no lo habíamos ejecutado. Y esto fue como un pequeño experimento para demostrar que hecho es mejor que perfecto.

Era agosto. Estábamos haciendo planes para lanzar nuestro primer suplemento alimenticio, y pensamos que otoño o fin de año sería una buena fecha. Había muchas cosas que hacer. La fórmula ya la teníamos. Pero faltaban las etiquetas, los permisos, armar la tienda en línea, tomar fotos para hacer la publicidad. Prácticamente faltaba todo.

Nos acordamos de la frase, y eso nos motivó a cambiar todos los planes. En lugar de esperar meses, nos pusimos como fecha de lanzamiento, el lunes de la semana que seguía.

¿Funcionó? Sí. El lunes, como lo habíamos planeado, lanzamos la tienda en línea y una campaña. ¿Era todo perfecto? No. De hecho, las primeras etiquetas se veían un poco pixeleadas y borrosas. Y hacer los envíos por paquetería nos costaba más del triple de lo que habíamos planeado que costaría. Pero estaba hecho. Fuimos mejorando con el tiempo. Algunos cambios o ajustes se tenían que hacer rápido, como ese precio de los envíos. Otros podían tardar un poco más.

Tal vez si nos hubiéramos esperado meses, y hubiéramos hecho todo lentamente, los errores hubieran sido los mismos. ¿Quién sabe?

Pero si alguien tiene duda de que hecho es mejor que perfecto, yo ya comprobé que sí.

Y también comprobé lo contrario. Que hacer planes infinitos, sin una organización, sin un plan y sin una estrategia, no se logra nada.

Luego de comprobar que hecho es mejor que perfecto, cuando quería formalizar la empresa de los suplementos alimenticios que habíamos hecho en tiempo record, me acordé de algunos artículos que había leído y tweets que había visto sobre lo fácil que era abrir ahora una empresa en México. Era el momento de comprobar si era verdad o no todo lo que decían.

Antes, se necesitaba de un capital mínimo de cincuenta mil pesos y la ayuda de un notario público para poder formalizar una empresa bajo una sociedad mercantil de un mínimo de dos personas. Gracias a varios esfuerzos de personas e instituciones que se unieron y se organizaron para cambiar esto, ya hay otra opción.

Fue en 2015 cuando la Asociación de Emprendedores Mexicanos lanzó una iniciativa para reformar la ley y permitir que los emprendedores tuvieran la posibilidad de abrir empresas con trámites totalmente digitales y sin costo. Fue todo un movimiento nacional. Hasta hubo recaudación de firmas para lograr que esta iniciativa se hiciera una realidad. Y al final, lo lograron. Y no se han detenido. Siguen lanzando propuestas y buscando quitar cualquier barrera para que tú y todos nosotros tengamos mejores oportunidades para emprender y para poder tener un mejor ecosistema en el que cualquiera pueda abrir su propia empresa.

Hacerlo fue más difícil que decirlo, porque la información que encontraba en internet era muy confusa. En todo Google, solamente encontré una guía que servía para mi caso. Con esa guía fue más fácil hacer el trámite.

Así que abrí la página de internet de la Secretaría de Economía, seleccioné el trámite que quería hacer, y empecé. Resultó ser verdad. Ya no necesitas de un capital mínimo de cincuenta mil pesos, ni un socio, ni un notario público para formalizar tu empresa. El gobierno creó un nuevo régimen llamado Sociedad Anónima Simplificada para apoyar a los emprendedores. Entonces, cuando registras una empresa, ahora quedaría algo así: Tu Nueva Empresa, S.A.S.

No podía creerlo. Estábamos en una página de internet, de gobierno, haciendo el trámite para crear una empresa. Tal y como lo anunciaban, sí estaba siendo mucho más fácil y todo era de manera digital y automatizada. El mismo sistema te pedía datos y firmas electrónicas. Me sentí orgulloso de la Secretaría de Economía por haber logrado transformar todo un trámite tan complicado y tardado, en un sistema inteligente, en donde solo tienes que seguir unos simples pasos, accesible a cualquier persona con internet decidida a emprender.

Al final, el sistema nos dio una constancia y un acta constitutiva. Y yo seguía impactado. ¡Una empresa formal en horas!

Empecé a leer los documentos que el sistema nos había dado, y me di cuenta de que había espacios vacíos que se supone que deberían de estar con información. Y cuando quise continuar con otros trámites, ni si quiera podía iniciar sesión.

Había parecido muy bueno como para ser verdad. Hablé por teléfono para reportar el problema y me dijeron que había fallado el trámite y que no se había podido registrar la empresa correctamente en el sistema. Luego de varias semanas esperando, borraron el trámite de la plataforma para que pudiéramos hacer uno nuevo. En total, nos tomó 6 semanas poder completar el trámite, no horas o días como lo prometían.

Pero sigo optimista esperando que mi caso haya sido una excepción.

De todas formas, esta nueva manera de crear empresas rápidas, es algo que debería de promoverse y aprovecharse mucho más para evitar la informalidad y la falta de crecimiento en las pequeñas empresas. Y es una solución muy buena para hacer que los emprendedores hagan realidad sus planes, que sueñen en grande, y que algún día puedan llegar a tener una empresa tan grande y tan valiosa como las mejores del mundo.

Mientras estuve trabajando en el gobierno de mi ciudad, se presentó un plan increíble para mejorar todo el transporte público. No era mi área, pero es un tema que me encanta. Por eso busqué y leí todos los detalles. El plan era bastante bueno. Incluía cambiar los autobuses, ponerle nombre a cada estación, un sistema nuevo de cobro dependiendo del destino, nuevas rutas, entre otras cosas. Me emocioné y creí que pronto podría dejar mi carro en la casa y usar el transporte público. Así lo he hecho en otros países y me gusta. Puedes caminar, tomar el metro o tomar autobuses para llegar a cualquier lado de la ciudad.

Hay muchas razones, excusas y problemas relacionadas con el presupuesto, los sindicatos y los acuerdos entre ellos. Y claro que hubo muchísimas personas que se opusieron al progreso. Como las propias empresas transportistas. El alcalde nunca pudo hacerles ver que, si se modernizaban, competían, y ofrecían un mejor servicio, las personas los iban a preferir. Hasta iban a tener más ganancias.

Pero entre todo eso, al final no se ejecutó. Seguimos, como muchas ciudades de México, con un transporte público muy malo que es mejor evitar. Faltó insistencia y persistencia. Cualquier cambio lo necesita. Hasta luchar contracorriente. Eso es lo que han hecho nuestros antepasados para poder estar nosotros aquí.

¿Cuántos gobiernos habrán tenido ideas increíbles y hasta llegado a la etapa de hacer los planes que parecían muy buenos y estructurados, para después terminar no ejecutándolos? Creo que es un resultado directo de elegir a representantes y políticos de los que hablan mucho, y muy bonito, pero hacen poco.

Lo he dicho muchas veces, México y todos los mexicanos tenemos el potencial, las buenas intenciones y las buenas ideas. Los gobiernos sí, pero también cada uno de nosotros. Somos ingeniosos, creativos y divertidos. Pero hay que llegar al otro lado. Es lo único que nos falta. Empezar. Y terminar. Si nos acostumbramos a ser ejecutores, van a cambiar muchas cosas en nuestras vidas personales y en nuestro entorno.

Sea lo que sea que tengas en mente, no lo dejes como idea. Anótalo. Haz un plan. Ejecútalo. Eso es lo que importa. Abre tus notas y escribe la frase "hecho es mejor que perfecto" y acostúmbrate a ser un ejecutor.

Soy de los que aman la creatividad. Por eso todo el capítulo pasado fue sobre eso y sobre cómo tener buenas ideas y retrabajarlas. Pero al hacerlas, vas a descubrir que eran mejor de lo que pensabas. Si no, ya sabes que hacer. Mejorarlas. No abandonarlas. Da el primer paso. Y haz lo que tengas que hacer para terminar.

Atrévete a trabajar en cosas grandes. Muchas personas no lo hacen por miedo. Piensan que entre más cosas hagan, o entre más grandes sean sus proyectos, más problemas tendrán que enfrentar. Depende completamente de cómo lo veas y cómo reacciones. Yo lo pienso así: si los problemas son grandes, las soluciones que des también van a ser muy grandes.

Rodrigo Échavez publicó esta frase:

> *"Todos tenemos el mismo miedo, solo que unos lo utilizan de impulso, y otros, de pretexto".*

Sé de los que utilizan el miedo para impulsarse. Porque si no crees en ti y te atreves lo suficiente para trabajar en tus propios planes, tal vez termines trabajando en los de alguien más.

Mantén en mente que las cosas grandiosas requieren de tiempo y esfuerzo. Si fuera fácil, cualquiera las haría. Pero tú no eres cualquiera.

Después de varios años, estoy seguro de que, si justo ahora volviera a leer el libro de Covey, estaría asintiendo y emocionándome con cada una de las palabras que están escritas ahí. No puedo culpar a nadie por no haberle entendido en aquel entonces. Tenía dieciocho. Estaba apenas en el proceso de tener una mente más abierta.

"Construimos demasiados muros y
no suficientes puentes"

-

Isaac Newton

Fuera De La Caja

No pude decir 'no' a absolutamente todo lo que se me presentó después de haber hecho mi plan para los siguientes seis meses. Aprendí a no ser ni tan rígido ni tan flexible con mi calendario. Pero no fue como antes, que se me ocurría algo nuevo que parecía increíble y desechaba todo lo que tenía para dedicarme de lleno a esa nueva idea. Solamente dije 'sí' a cosas que sabía que valdrían la pena, que no me quitarían mucho tiempo de mis prioridades, pero que sí me harían crecer como profesionista y como persona.

Una de esas cosas que no tenía contemplado en mi plan fue ir a un taller de Kybernus. Me invitaron y automáticamente dije que sí. Kybernus es un grupo que fomenta el liderazgo a lo largo de todo México en coordinación con organizaciones públicas, privadas y sociales. Había escuchado mucho sobre ellos en algunas noticias y había visto fotos de sus actividades en redes sociales. Y el taller al que me invitaron fue de los primeros abiertos a todo el público. Cualquiera que no fuera miembro del grupo, como yo, podía ir.

En ese taller conocí a una emprendedora que, desde una oficina de coworking en México, vende matcha en España con publicidad que pone en Instagram. Ella también se dedica a ayudar a sus seguidores para que sean más productivos, a que coman más saludable y a que estén más enfocados en lograr sus metas. Esos son el tipo de cosas que los millenials sabemos hacer. Conectar ideas, personas y lugares, y aprovechar lo que sabemos para ayudar a los demás. Sabemos que no estar físicamente no significa no estar. Tenemos un potencial de alcance gracias a todas las plataformas y herramientas en línea, que no podemos pensar solamente en lo local, si no en el impacto que podemos hacer en todo el mundo.

En Twitter y en Instagram hay muchas personas que pueden dedicarse a hacer lo que más les gusta y que los hace felices, y aparte que pueden pagar todos los gastos que tienen y tener un estilo de vida que parece cómodo. En mi ciudad, o en la vida real, he visto a muy pocas personas así. La idea tradicional de encontrar un empleo sigue siendo lo normal. Por eso, conocer a alguien que estaba siguiendo su pasión, y que estaba rompiendo con la idea tradicional, me emocionó y me hizo pensar en la cantidad inmensa de posibilidades que hay cuando se trata de encontrar el propósito de nuestras vidas. Y también en todas las oportunidades que no vemos. Sobre todo, las oportunidades de negocio. Son más grandes de las que pudieras imaginarte. Más, estando en México. Seguimos siendo un país que se dedica a la manufactura, pero eso no quiere decir que otros mercados e industrias dentro del país no estén creciendo.

Somos una potencia. Pero parece que solo lo saben los extranjeros. Muchos líderes internacionales opinan que México no está aprovechando ese potencial que tenemos. Es como cuando no sabes lo que tienes, hasta que lo pierdes. Si es el caso, esto es lo que tenemos: la ubicación geográfica perfecta, productos agrícolas y ganaderos de calidad, recursos naturales y una población perfectamente capaz. Estamos listos para empezar a crear productos y ofrecer servicios. Y listos para aprovechar nuestra ubicación para ser el puente comercial entre todos los países de América Latina con Europa y Asia.

Otro de mis maestros favoritos, Renato Balderrama, experto en Asia, en sus clases siempre nos insistía desesperadamente en que teníamos que abrir los ojos y aprovechar todas las oportunidades que teníamos. Nos decía que no podía creer que no nos dábamos cuenta de todo lo que estábamos dejando pasar. Por ejemplo, nosotros viviendo en Coahuila, con una de las mejores universidades agrícolas en América Latina a la vuelta de la esquina, y viviendo en un estado que ocupa los primeros lugares en producción agrícola y ganadera, "¿por qué no están en este instante viendo cómo aprovechar estas dos cosas para crear un producto innovador y exportarlo? Tienen el conocimiento y talento agrícola, y son estudiantes de negocios internacionales y tienen tiempo, ¿qué les falta?".

Muy simple: nos falta acción, pasión, y ambición.

Nos contó una historia sobre un mexicano que tenía la energía para empezar a exportar. Lo que hizo fue consultar las listas de los productos que se estaban demandando en otros países. Una de las cosas que encontró en esa lista que necesitaban en otros países, fueron las medusas. Sí, esas formas azules que se te pegan para quemarte la piel se comen. Según ese estudio, estaban escaseando en Asia. Y, al contrario, en las playas de México sobraba. Juntó el equipo necesario, empezó a recolectar las medusas en las costas, aplicó para un fondo de investigación del gobierno para encontrar la manera correcta de empacarlo y preservarlo fresco, y ahora lo exporta a Japón. Renato nos decía que todos deberíamos de estar buscando oportunidades así todo el tiempo. Oportunidades globales.

La época en la que nos tocó vivir es una en la que el mundo está cada vez más conectado. Y aunque han surgido líderes nacionalistas en algunos países, la realidad es que ningún país es autosuficiente, ni lo será. Y esto es algo de lo que podemos tomar ventaja. Todos necesitamos de todos.

Afortunadamente, México tiene las puertas abiertas gracias a los tratados con más de 46 países, y formamos parte de la Organización Mundial del Comercio. Pero parece que los mexicanos solamente escuchamos a uno solo: Estados Unidos. El país a donde seguimos exportando el 80% de nuestros productos.

Mi carrera, Negocios Internacionales, nació al mismo tiempo que los presidentes de México, Estados Unidos y Canadá firmaban el Tratado de Libre Comercio América del Norte, en los noventas. En las clases hacíamos bromas entre nosotros, algunas en serio, de que si no se renegociaba y se cancelaba el TLCAN estaríamos obsoletos y de nada habrían servido nuestros años de estudio. Yo estaba seguro de que, si no se renegociaba, seríamos los profesionistas más demandados por las empresas. Y que también habría miles de emprendedores haciendo de las suyas. Porque no nos iba a quedar de otra más que empezar a exportar con mayor intensidad a los países de Europa y a conectarnos económicamente con Asia de una manera muy visionaria.

Al final, firmaron el nuevo tratado el último día de gobierno de Enrique Peña Nieto, después de más de un año y medio de negociaciones. Los tres presidentes, Enrique, Justin, y Donald, aprobaron el acuerdo trilateral en Argentina. Ahora se llama AEUMC. Según dicen, es el más innovador de los tratados en todo el mundo. Habrá que ver. Pero claro que hay que aprovecharlo al máximo. No solamente ese tratado, también los otros que ya tenemos con otros países.

Subí a mis historias de Instagram que estaba en un evento en la Universidad de Monterrey. Mis amigos me empezaron a mandar mensajes creyendo que me había cambiado de universidad de repente, en medio de mi último semestre. Pero no. Sergio, que se graduó de ahí, me invitó a un evento. Dos exponentes habían venido de ¡la Universidad de Georgetown! para hablar de dos temas: comercio y anticorrupción internacional. Cuando me invitó tampoco pude decir que no, y cancelé todo lo que tenía ese día para poder ir. Algunas personas notables en el mundo han estudiado en Georgetown, como el presidente Bill Clinton, el primer director del FBI, J. Edgar Hoover, y la primera dama Jackie Kennedy. Seguramente estaría interesante escuchar a quien sea que viniera a dar una conferencia desde Washington hasta Monterrey.

Apenas estábamos en el primer piso del edificio y ya estaba emocionado. El ambiente era muy ejecutivo. Como el evento era algunos pisos más arriba, tenía que tomar un elevador para llegar a la sala en donde iba a ser la conferencia. Solo había un elevador, y ya había personas esperándolo. Nos acercamos y escuchamos que estaban hablando inglés. Llegó el elevador, y aunque era muy angosto, nos subimos todos. Lo supe al instante. ¡Eran los expertos de Georgetown! Pero íbamos tan apretados en el elevador que todos tratábamos de no hacer contacto visual uno con el otro.

Llegamos al piso donde sería la conferencia, me registré como invitado y me senté lo más adelante que pude.

Cuando la primera expositora empezó, me quedé sorprendido por su manera de hablar en público. Es de las personas que pueden conectar contigo instantáneamente porque hablan con un buen tono de voz, suenan naturales, demuestran que son inteligentes, tienen carisma, y son humildes. En ese entonces no la conocía ni sabía nada de ella, pero luego de que la presentaron, busqué "Jennifer Hillman" en Google. Encontré toda su trayectoria en medio de videos de entrevistas que ha dado a medios internacionales como CNN, BCC y C-SPAN. ¿A quién tenía en frente? A una persona totalmente apasionada por lo que hace. El tipo de personas que siempre me ha encantado conocer. Y el tipo de personas que me llenan de energía y esperanza.

Hasta este momento la Organización Mundial del Comercio tiene ciento sesenta y cuatro miembros, es decir, casi todos los países del mundo. Una de sus principales tareas es la de resolver los conflictos que es normal que puedan surgir en las negociaciones entre tantos países miembros. Revisan las tarifas, las cuotas, los aranceles, evitan que las empresas hagan dumping o cualquier otra clase de violación, incumplimiento o confusión con las reglas que los países acordaron seguir.

La más alta corte en comercio internacional para los países dentro de la OMC es el Órgano de Apelación. Cuenta con siete jueces en total. Y la persona que tenía en frente, Jennifer, había terminado hace poco su periodo como uno de ellos. Cualquier apasionado del comercio como yo, moriría por tener su experiencia. Anoté cada palabra que dijo durante su conferencia.

Fue una gran conferencia. Jennifer era mi nueva

heroína. Se trató del enfoque que Donald Trump le está dando al comercio internacional y las implicaciones en el estado de derecho. Habló de los repetidos intentos que Trump ha hecho para desvincular a Estados Unidos de grupos internacionales de liderazgo y de instituciones multilaterales. Y de cómo han evitado tener nuevas negociaciones para entrar a nuevos mercados o dejarlos entrar. Y la gran atención que le da a los déficits bilaterales y cómo está enfocado en buscar reciprocidad. Para él, el comercio es un juego de suma cero. Uno en el que solo puede haber un ganador y los demás pierden.

No me lo compro. Ya no se trata de ver quién se lleva la rebanada más grande del pastel. El liderazgo que el siglo veintiuno necesita es uno en el que se busque trabajar en conjunto para hacer más grande el pastel y que alcance para todos. Me gusta pensar en las negociaciones de esa manera.

Pero no a él. Por eso anunció su salida del Tratado de Asociación Transpacífico (TPP). Pero México, señores, sí va a ser parte. Y si llega a concretarse, tendremos más oportunidades. Todos. Porque ese tratado nos va a abrir puertas en nuevos países y en nuevos mercados.

La historia del TPP es algo confusa. Y ya no es lo que se pensó que podría ser. Inicialmente era un proyecto para conformar un gran bloque económico entre varios países, logrando un mercado potencial de 800 millones de consumidores, y la idea era quitar las barreras comerciales entre estos países miembro. Doce países firmaron la intención de ser parte: México, Japón, Australia, Canadá, Estados Unidos, Perú, Chile, Malasia, Vietnam, Nueva Zelanda, Singapur y Brunéi. ¿Te imaginas a todos esos países unidos comercialmente? La primera versión, que nunca se pudo aprobar, tenía capítulos y artículos que abordaban temas como el acceso a internet para todos, el libre flujo y movimiento de las personas, las condiciones laborales que se tenían que estandarizar, la protección que tendrían los inversionistas, el difícil tema de la protección a la propiedad intelectual, políticas medio ambientalistas, y también, por primera vez, temas del siglo veintiuno como el manejo de los contenidos digitales, el comercio electrónico, y el gran problema de la corrupción que enfrentamos a diario.

Para México habrá grandes beneficios si se llega a concretar y aprobar. Para empezar, expandiría nuestro mercado potencial. Eso significa que tendríamos la oportunidad de comercializar con 372 millones de consumidores. Y sería la primera vez que celebraríamos un acuerdo comercial con Australia, Malasia, Nueva Zelanda, Brunei, Vietnam y con Singapur. Además, nos serviría para potencializar los acuerdos que ya tenemos con Canadá, Chile, Japón y Perú.

Si es difícil lograr que los ciudadanos de un solo país se pongan de acuerdo, imagínate lo complicado que es cuando se trata de negociar entre tantos países. Por eso el TPP ha tardado en seguir avanzando.

Algunos de los países que ya firmaron la intención de

ser parte del TPP, tienen la esperanza de que China se una. Tendríamos acceso a su mercado potencial de un poco más de mil millones de habitantes, el más grande del mundo. Pero la realidad es que no han demostrado interés de su parte. Y aunque por el momento no es probable que suceda para el TPP, para México sí lo es. Recientemente el embajador de China, Qiu Xiaoqi, declaró que tienen interés en firmar un tratado bilateral de libre comercio con México. Y junto con esa declaración, públicamente reconoció lo que nos hace falta para lograrlo: quitarse el miedo.

China entró tarde a la globalización. De hecho, mucho después de que lo hizo México. Pero entraron con todo. Y claro, como son de Asia, lo planearon a la perfección.

Tienen un proyecto gigante: volver a ser los líderes del comercio mundial, como sus antepasados.

En la antigüedad estaba la ruta de la seda: la red comercial con la que China hacia negocios desde el siglo primero antes de Cristo. Se extendía por todo el continente asiático hasta Europa y África. Pensándolo bien, creo que ellos inventaron la carrera de Negocios Internacionales, sin darse cuenta.

El proyecto del siglo, como lo llamó el presidente de China, Xi Jinping, se llama "One belt. One road". Es la misma idea y estructura de la ruta de la seda de la antigüedad, pero adaptada al siglo veintiuno, con todo lo que eso implica, como invertir en la tecnología e infraestructura que se necesite. Y eso va a costar nada más

5 trillones de dólares. Y relaciones diplomáticas estables y estratégicas para el largo plazo con setenta países. Cuando terminen de desarrollar este proyecto, China habrá reestablecido su ruta de la seda con los países que representan el 62% de la población mundial.

Muchos piensan que tenemos que elegir entre China y Estados Unidos. Una decisión difícil entre la espada y la pared. La relación que estos dos tienen no es buena. Me gustó lo que declaró el embajador Qui sobre eso:

"La posición de China es clara. No queremos guerra con Estados Unidos, porque los dos lados pierden. En una guerra comercial, ninguna parte gana. Esta situación se puede resolver a través de diálogo. Sin embargo, no tenemos miedo a amenazas ni chantajes. Si quiere guerra comercial lo acompañaremos hasta el final".

Cuando Estados Unidos anunció su salida de las negociaciones del TPP, los países que quedaron tuvieron grandes dudas de la relevancia que tendría el tratado sin ese país. Y si valdría la pena o no. Agregando aún más tiempo a todo el que ha tardado este tratado, se llegó a la conclusión de que sí valía la pena. Y se creó el TPP-11. La versión actualizada. México ya ratificó su participación. Ahora queda esperar a que el resto de las naciones lo hagan. Se necesitan seis integrantes como mínimo para que entre en vigor. Nosotros fuimos los primeros en hacerlo. De lograrse, nos traería beneficios para las oportunidades de importación como de exportación, mejorarían los trámites entre los países miembro y los tiempos de espera serían más cortos. Aumentaría los flujos de inversión, reduciría aranceles y generaría más oportunidades de empleo. Lograría vincularnos de una manera más cercana con las doce economías que lo integrarían y también facilitaría el flujo de la información y el conocimiento. Nos convertiría en una nación más global y diversificada.

La salida de Estados Unidos del TPP también deja una vacante en la posición de liderazgo. Así que uno o varios de los países con economías en vías de desarrollo podría tomar su lugar. Como México o Nueva Zelanda.

Todo está puesto sobre la mesa. México: este va a ser nuestro siglo.

Cuando creí que ya lo tenía todo perfectamente ordenado en mi agenda, nos avisaron en mi universidad, que teníamos que registrarnos en una actividad para cumplir con nuestro servicio social.

Aunque se supone que es el momento perfecto para devolver a tu comunidad todo lo bueno que te ha dado, muchos se registran en actividades en las que realmente no hay mucho qué hacer. Otros lo ven como un trámite más para graduarse, no tanto como un servicio a la comunidad. Y por lo que me platicaban mis amigos, no pensé que fuera a ser muy diferente para mí.

Como todos, fui a una feria que se organiza cada

semestre en la que se instalan diferentes asociaciones y organizaciones civiles entre las que puedes elegir para hacer tu servicio social. Casi siempre son las mismas. Pero esta vez, hubo una que hizo que me inscribiera instantáneamente. Una en la que iba a poder utilizar todo lo que sabía de mi carrera de negocios para poder ayudar y generar un impacto positivo.

En la primera junta nos lo explicaron todo: México está lleno de mujeres emprendedoras. De hecho, de cada diez hombres que inician un negocio propio, hay ocho mujeres que también lo están haciendo. Y se ha descubierto, que una empresa que tiene un liderazgo femenino tiene 14% menos probabilidad de fracasar.

La asociación a la que me inscribí había detectado y contactado, gracias a un vínculo con una oficina de gobierno, a mujeres que estaban emprendiendo en nuestra ciudad y que estaban solicitando algún tipo de apoyo porque querían crecer. Resulta que el 88% de las empresas en todo México, son administradas sin ayuda profesional. Así que ahí es donde iba a entrar nuestro trabajo como parte del servicio social. Aún como estudiantes, nos convertimos en mentores y consultores de negocios para ayudar a esas mujeres emprendedoras a crecer sus pequeñas empresas.

Así fue como conocí a la señora Chelito. Ella no es de Silicon Valley, ni está en la lista que hace Forbes de las mujeres más influyentes de México. Y no vas a encontrar entrevistas sobre su experiencia, ni vas a encontrar su historia de éxito en internet. Por eso me encantó conocerla en persona. Y ayudarla.

Con más de sesenta años, la señora Chelito se dio cuenta, sin estudios de mercado ni nada por el estilo, pero con una muy buena intuición, que por donde ella vivía hacían falta farmacias con medicinas a precios accesibles. A su edad y sin saber mucho sobre administración o sobre cómo poner un negocio, entró al mundo del emprendimiento y puso su propia farmacia.

Desde que me la presentaron, supe que era una de esas personas que siempre tienen una sonrisa para quien sea, en el momento que sea. Apuesto a que es una gran abuelita. Lo transmite. Cada vez que yo llegaba, la veía emocionada y llena de energía por hacer cosas nuevas que la hicieran mejorar su negocio. Me acuerdo mucho de que se echaba porras y se daba ánimos a ella misma. Tal vez eso deberíamos de hacer todos para tener la misma energía, pasión y optimismo que ella.

El local de Farmacias Chelito no es enorme ni tiene diferentes pasillos como las farmacias de las grandes cadenas nacionales. Pero está limpio y ordenado. Y siempre busca que los medicamentos que vende estén al mejor precio posible. Sus clientes la conocen y saben que pueden confiar en que les está ofreciendo productos genéricos de la más alta calidad.

La primera vez que la visité, tuve una pequeña entrevista con ella y con una de sus empleadas para hacer un diagnóstico de cómo se encontraba el negocio y detectar las oportunidades en la que podría ayudarla. Una de las cosas que me impresionaron, fue que ya tenía una computadora para administrar los inventarios de manera automática. Me contó que pudo costear eso gracias a un programa de micro créditos a emprendedoras que había lanzado el gobierno. ¡Eso es aprovechar oportunidades!

Pero, así como en muchas pequeñas empresas, aún y con ayuda del software para inventarios que tenía, las finanzas estaban un poco fuera de control. Y los procesos internos aún no estaban establecidos.

Cuando acabamos esa primera entrevista de diagnóstico, vi que casi en frente acababan de abrir otra farmacia de una marca nacional muy reconocida.

Es injusto, porque la señora Chelito fue la primera en llegar ahí, con mucho trabajo y dedicación por detrás. Y mientras ella había arriesgado la mayor parte de su capital para poder poner su farmacia, a los de enfrente, siendo una empresa nacional, seguramente no les había costado nada instalarse ahí. Sentí que estaba ante un caso parecido al de las tiendas de conveniencia como Oxxo o Seven-Eleven, contra las tienditas de la esquina.

Para poder competir contra esa farmacia de enfrente, íbamos a tener que trabajar el doble o triple.

En mis clases, me la pasaba resolviendo problemas teóricos de empresas multinacionales. Ya hasta se me hacía fácil pensar en las soluciones, aunque involucraran decisiones complicadas.

Y ahora que tenía en frente un problema de una empresa local, no sabía ni por dónde empezar.

En mi cabeza, estaba la idea de que cualquier persona que conociera la historia de la señora Chelito, dejaría de comprar en los otros lugares y se convertiría en cliente incondicional de su farmacia. ¿Quién no querría apoyarla?

Ese es el problema. Cada vez escuchamos menos historias de las personas que tenemos a nuestro alrededor. Y las historias que más escuchamos son las de las marcas y empresas que pueden pagar grandes cantidades de dinero para aparecer en la mayor cantidad de lugares posibles, físicos y digitales.

Pero algo especial pasa con las marcas locales.

Cuando conoces a las personas o a las familias detrás de una pequeña empresa o de un pequeño negocio, y luego de que te cuentan ellos mismos todo lo que han hecho para llegar hasta donde están, y te platican apasionadamente la razón de ser de su negocio, pasa algo increíble: se crea un vínculo. Y ese vínculo que tenemos con las empresas locales, debería de ser el más fuerte y el más difícil de romper.

No puedo creer que esté diciendo esto yo. Por un lado, quisiera que tuviéramos aún más tratados comerciales y menos barreras para entrar a otros países. Pero también reconozco que fortalecer nuestro propio mercado interno es una de las cosas que tenemos que hacer para que nuestra economía crezca.

Porque hay un gran problema cuando hablamos de creación de empresas. Resulta que, en México, de cada cien nuevas empresas que se crean, setenta y siete habrán desaparecido después del primer año. ¡77! Eso dice mucho de la manera en que los mexicanos estamos tratando de hacer las cosas y del apoyo que nos damos entre nosotros mismos.

La señora Chelito ya superó esa gran prueba de los primeros años. Ella es parte del porcentaje de los negocios que han salido adelante. Con mucho esfuerzo ya logró abrir tres sucursales. Sigue pendiente el tema de los envíos a domicilio. A veces ella misma hace las entregas. Y batalla para conseguir médicos que trabajen en su farmacia para poder ofrecer consultas.

Pero como ella dice: "Ay vamos, paso a paso".

Y me encantó ser parte de uno de ellos.

RESILIENCIA

"Haz todo el bien que puedas, por todos los medios que puedas, de todas las maneras que puedas, en todos los sitios que puedas, a todas las horas que puedas, a toda la gente que puedas, durante todo el tiempo que puedas."

-

John Wesley

Nuestro Lugar

Entre más se iba acercando el día de mi graduación, más me ponía a pensar sobre mi futuro y mi lugar en el mundo. ¿Qué iba a hacer un día después de la graduación y a qué me iba a dedicar de por vida? Como el de muchos, mi sueño es poderme dedicar a lo que realmente me gusta y apasiona. Y en el camino, dejar mí huella en el mundo. Ahí es donde todo se complica. ¿Cómo encuentro algo que me guste hacer, que tenga un buen propósito, y que aparte, sea bien pagado?

El modelo de vida antiguo era elegir un camino que te permitiera asegurar tu estabilidad. Una vez que lo lograras, entonces podrías buscar algún hobby que te hiciera feliz y hasta entonces podrías buscar apoyar alguna causa o buscar a alguna persona para apoyarla. Hay estudios que demuestran que los millenials somos totalmente diferentes. Nosotros, cuando buscamos un trabajo o empezamos un proyecto, nos fijamos en más en cómo este va a impactar al mundo. Más que valorar la cantidad de dinero o estabilidad que nos retribuya, valoramos más el sentido y el propósito de ese trabajo o proyecto, y qué tanto nos apasiona.

Ya sé. Hay miles de revistas y artículos que dicen que los millenials, sobre todo los más jóvenes, no sabemos hacer nada, que no nos sabemos comprometer, que siempre estaremos en quiebra que, porque no sabemos ahorrar, que nos deprimimos y nos ofendemos por cualquier cosa, que no aceptamos retroalimentación, que somos flojos y que no aguantamos pasar más de una hora sentados en una oficina. Y aparte de todo eso, que tenemos una adicción incontrolable a usar el celular. Pero esos artículos no mencionan que estamos enfocados, no solamente en resolver nuestros propios problemas. En lugar de solamente pensar en nuestro crecimiento y en nuestro desarrollo, queremos alcanzar nuestro bienestar al mismo tiempo que ayudamos a que otros lo logren. Y que estamos enfocados en lograr un bien social que impacte al mundo de la mejor manera posible.

Solo que a veces es difícil encontrar ese trabajo o ese proyecto en el que puedes desarrollar todo tu potencial mientras ayudas a que los demás también lo hagan.

No es la culpa de nadie, de ningún gobernante, político, maestro o familiar, que no sepamos en dónde y cómo podemos hacer que suceda ese cambio que tanto queremos generar. Y pensar en cómo resolver todos los problemas del país, puede llegar a ser agotador. A veces cuando me he puesto a pensar en cuál es el problema más importante que hay que atacar, y cuando creo que ya tengo la solución perfecta, me doy cuenta de que hay otros problemas o causas aún más importantes o urgentes que parecen no tener fin. Como la falta de educación, la gran cantidad de personas en situación de pobreza, los altos índices de corrupción, la inseguridad y la larga lista de los problemas que tiene México.

¿Cuál se tendría que resolver primero?

Responder eso es como resolver la pregunta de qué fue primero, el huevo o la gallina.

Pero lo que no puede pasar, es que nadie haga el intento de resolver todos esos problemas. Y ahora que estaba a punto de graduarme, aunque no supiera muy bien qué es lo que me esperaba en el futuro, de algo estaba seguro: siempre voy a ser de los que hagan el intento por hacer que las cosas estén mejor.

Sé que va a ser difícil. Y que a veces va a parecer que no avanzamos y que las cosas siempre van a estar mal. Pero nunca debo de olvidar que cualquier esfuerzo, sea chico o grande, va a valer la pena si se trata de hacer lo correcto. Y no estoy solo. Sé que hay miles y millones de personas dispuestas a luchar por hacer lo correcto junto conmigo.

Tenemos un reto: reunirnos y trabajar en equipo para resolver juntos los problemas que tiene el país. Los buenos, que somos la mayoría, estamos muy desunidos. Y parte del problema de que no avanzamos mucho como país, es que cada quién está trabajando por su cuenta. Y eso es lo que hay que cambiar. Tenemos que encontrar la manera de reunirnos y trabajar juntos en las causas que más nos apasione resolver. Así es como el mundo ha progresado a lo largo de la historia. Nadie va a poder resolver todo él solo.

Hay una película que me hace pensar en todo esto. Se llama Tomorrowland, de Disney. Llegó a los cines en 2015, y aunque fue un absoluto fracaso en taquilla, pienso que cada quien puede juzgarla por sí mismo. Cinematográficamente me gusta. Pero pienso que tiene muchas mejoras en el guion y en algunas partes da la sensación de que la película está mal hecha. Lo que a mí me encantó de esa película fueron dos cosas: el estilo que trataron de darle y el mensaje que tratan de dar al final.

El estilo que le dieron es como retro-futurístico. De hecho, una de las primeras escenas es en una feria de inventos en las que hay miles de personas con ideas y objetos revolucionarios, en lo que parece ser la época de los sesentas. Y apenas en los primeros diálogos, me pude identificar con Casey, el personaje principal.

Es difícil describirse a sí mismo. Sobre todo, cuando tienes una idea de quién eres y empiezas a sentir que los demás te ven de una manera diferente a lo que tu pensabas. Pero en la película, Casey pudo explicar quién era ella de una manera muy concreta. "Soy una optimista", dijo en una de sus primeras líneas. Y lo primero que se me vino a la mente, fue: yo también lo soy. Ahora en mi perfil de

Twitter tengo escrito "soy un optimista". Me encanta serlo. Pero una de las grandes lecciones que he aprendido en mi vida es que no todos tienen que. Solo soy uno de los tipos de personalidad que hay en el mundo. Por ejemplo, el yo de antes hubiera querido ser parte de un equipo de trabajo en el que todos fueran optimistas. Que equivocado estaba. Ahora lo veo con más claridad. Entre más diverso es un grupo de personas, mejores son los resultados. Y aplica en todo: en trabajos creativos, técnicos y artísticos.

Me encanta que en un equipo estén los optimistas como yo, pero también es importante tener a las personas que se imaginan todos los posibles escenarios negativos, los que hacen cuentas, los que demuestran que una idea no es factible, los que son fatalistas y los que se dan cuenta de todas las barreras que habrá que derribar, y hasta los que creen que un proyecto no se va a lograr hacer, porque todas sus opiniones e ideas, hacen que entre todos, encuentren la manera de hacer que sucedan las cosas.

Y hay otra cosa importante cuando armas equipos: si las personas que forman parte de él, ya se rindieron y no tienen fe o esperanza en que pueden mejorar las cosas, nada de lo que hagan va a funcionar. Pero si las personas de ese equipo, aún y con sus positivas o negativas maneras de ser, no se han rendido, y están seguros de que cualquier cosa que hagan puede tener un impacto, será el mejor equipo, porque juntos van a encontrar la manera de hacer funcionar el proyecto o la idea que tengan.

Siguiendo con la historia de la película, Casey viaja a un mundo en otra dimensión llamado Tomorrowland, de ahí el título de la historia. Y el plan que los creadores tenían para ese lugar llamado Tomorrowland, era que sirviera para reunir a los humanos. Pero no a cualquiera, solamente a los que no se habían rendido, a todos los que aún creían que se podía vivir en un mundo mejor. Y ahí, en ese lugar, y libres de todas las distracciones y males de nuestro mundo, como la corrupción, la burocracia, la mala política y todos los problemas que vemos a diario con el simple hecho de abrir Twitter, iban a reunirse para poder arreglar todos esos males de la tierra.

Es una idea fuerte y poderosa. Imagínate que en la vida real existiera ese lugar libre de distracciones en donde solo entraran las personas que están decididas a cambiar el mundo, y todas las ideas y acciones que saldrían de ahí. Sería como un lugar exclusivo para las personas que aún creen que vamos a lograr crear el México que todos queremos. Mejor aún, exclusivo para los que ya están convencidos de hacer algo.

Ese lugar estaría lleno de personas como tú y como yo. Y sería el lugar en el que me encantaría estar y en el que miles de personas podrían desarrollar todo su potencial mientras ayudan a los demás a hacerlo y mientras ayudan al mundo a ser un lugar mejor.

Porque seamos sinceros, el gobierno no puede solo. Todos deberíamos de olvidarnos de esa idea de que solamente los políticos y los que son servidores públicos son los que van resolver todo lo que está pasando. Los ciudadanos normales tenemos que involucrarnos. No hay de otra.

Me gustó cuando, el ahora presidente, Andrés Manuel López Obrador, dijo en su campaña que no podía lograr todo él solo, y por eso en su primer spot de televisión, pedía que además de votar por él, también votaran por los candidatos de su partido que estaban buscando llegar al congreso. Aunque ya acabó la campaña, desearía que hoy siguiera con ese mismo discurso diciendo que no puede él solo, pero ahora, en lugar de pedir el voto para personas de su partido, que motivara al país entero a seguir involucrado en cada una de las diferentes causas y problemas que tenemos, y que insistiera en que los ciudadanos somos los que tenemos que organizarnos para hacer que sucedan los cambios que queremos.

Hay una nueva organización internacional llamada The Good Country, que, con ayuda de diferentes bases de datos e investigaciones, construyeron un ranking en el que miden de una manera diferente y poco convencional a los países, no por su PIB ni por el tamaño de sus economías, sino por la capacidad que tienen de crear un bien común por la humanidad. Me encantó el concepto, porque por más que los otros indicadores económicos puedan decirte sobre la situación de un país, estos no te dicen qué se está haciendo para mejorar la humanidad. En ese ranking, México está en el lugar setenta y cuatro. Dentro de los indicadores que miden están temas como Ciencia y Tecnología, en el cual ocupamos el lugar noventa y cinco,

El Planeta y El Mundo, con el lugar número noventa, y Prosperidad e Igualdad, en el lugar ciento ocho. Pienso que somos mejores que esos números. Y que, si nos decidiéramos a resolver los problemas dentro de esos temas, podríamos ocupar fácilmente uno de los primeros lugares en el ranking de los países que generan un bien mayor.

Pero el problema, se resume en la frase que la misma asociación tiene en su sitio web:

"La mayoría de los problemas del mundo, son solo síntomas de un problema aún mayor: que aún no hemos encontrado la manera de organizarnos como una sola especie que habita un solo planeta."

Y ya que ni si quiera nos hemos podido organizar como una sola especie, los mexicanos menos nos hemos podido organizar como habitantes de un solo país. Y eso precisamente es lo que nos falta en México, y en cualquier país que quieren un cambio: personas que se organicen.

Ya como expresidente, Barack Obama dio un discurso a los graduados de la Universidad de Howard sobre lo que se necesita para que alguien pueda lograr cumplir sus metas y la manera de hacer que no se queden solamente en sueños. Con toda la experiencia que tiene, también habló sobre cómo los ciudadanos pueden resolver los problemas que tiene un país o una comunidad:

"El cambio requiere más que un gran enojo. El cambio requiere de un plan, requiere de una organización y requiere de una estrategia".

Esa una de las frases de su discurso que más me ha puesto a reflexionar. Y una de mis favoritas. Normalmente cuando vemos que algo está mal, nos quedamos en la primera etapa, en el enojo. Empezamos a echar culpas y pensamos en la larga lista de personas que deberían de hacer algo para resolverlo. Y cuando pasa lo extraordinario, y la persona ya se decidió a hacer algo para cambiarlo, no sabe cómo.

Cuando creí que el discurso de Obama ya era lo suficientemente bueno, agregó aún más:

"Tienes que ir por la vida con algo más que simple pasión por el cambio: tienes que tener una estrategia, no solo conciencia, sino acción".

Y no son palabras vacías que su equipo o su asesor de comunicación le recomendaron decir. Al contrario. Él es uno de los mejores ejemplos de congruencia que podemos encontrar.

Algunos años atrás, después de haber tenido una de las mejores campañas y después de que ganó las elecciones para ser presidente, lanzó un programa llamado Organizing for Action (Organizando para la Acción). Prometió que él iba a hacer todo lo que estuviera en sus manos para defender y luchar por las causas en las que creían él y los millones de personas que lo apoyaron para llegar a la Casa Blanca, pero como no podía él solo, lanzó esa organización en donde los ciudadanos, las personas comunes y corrientes, se iban a poder organizar, armar un plan y crear una estrategia para lograr todos esos cambios en los que creían. Y Obama les advirtió: no sería fácil. Se iba a requerir que miles de ciudadanos se involucraran para hacer llamadas a sus representantes en el congreso, miles de ciudadanos escribiendo y enviando cartas, ciudadanos haciendo campañas en redes sociales, tocando puertas y recorriendo calles.

Cada vez que entro a la página de internet de *Organizing for Action*, veo fotos y videos de comunidades enteras reunidas para discutir problemas y buscar soluciones. Y en esas reuniones hay de todo: jóvenes, niños, mujeres, estudiantes y empresarios, todos participando en resolver los temas que según su colonia o distrito estén enfrentando. Se lo toman muy en serio. Por eso los cambios que han logrado, también son muy grandes y muy serios. Y están haciendo lo que debería ser parte normal de cualquier democracia: juntarse, opinar, y hacer que sus representantes hagan lo que las personas a las que representan piden que hagan.

Al final, lograron crear movimientos tan grandes que resultaron en aprobaciones de leyes, reformas, programas de gobierno, y todo gracias a una comunidad organizada que el propio presidente impulsó.

Y no se ha rendido. Antes de salir de la Casa Blanca anunció que ya tenía planes para su retiro: crear la Fundación Obama.

"Nuestra misión es inspirar, empoderar y conectar a las personas para cambiar su mundo. Equiparemos a los innovadores cívicos, líderes jóvenes y ciudadanos comunes con las habilidades y herramientas que necesitan para crear un cambio en sus comunidades".

Cuando tiene que explicarlo en pocas palabras, se refiere a su fundación como una escuela de democracia. Va a seguir enseñándole a los ciudadanos, cómo lograr los cambios que tanto queremos.

Está convencido de que una sola acción, como ir a una marcha o firmar una petición no va a servir de nada si no hay una estrategia completa detrás. Y que si queremos lograr un cambio que dure en el largo plazo, necesitamos acciones colaborativas respaldadas por un verdadero plan. Esa perspectiva, muy realista, que Obama tiene sobre cómo lograr un cambio, me inspira. Y me hace preguntarme esto: ¿por qué, hacer lo que él dice, no se ha vuelto lo normal?

Uno de los lugares en donde las personas que no se han rendido se reúnen, son en las organizaciones no gubernamentales o mejor conocidas como fundaciones o asociaciones civiles. Hay muchas en el mundo y de muy diferentes temas.

La organización Non Profit Tech For Good presentó un artículo con datos relacionados con este tema de las organizaciones no gubernamentales. Se calcula que son alrededor de diez millones alrededor de todo el mundo. Solamente en Estados Unidos, son uno punto cuatro millones de ONG's. México muy apenas llegó a las diez mil. Son muy pocas como para la cantidad de problemas que tenemos.

Hay algunos estudios en los que se ha tratado de demostrar que entre más participan las personas en alguna labor social o en alguna organización, mayor es el nivel de democracia que tienen, y mayor es el nivel de bienestar que alcanzan. Solo por poner un ejemplo, en Francia, el 44% de la población participa activamente en organizaciones que tienen una causa local. ¿A quién no le gusta el nivel de vida que han alcanzado en ese país?

En el ranking de The Good Country que mencionaba antes, México tiene el lugar número cuarenta y cinco en temas de Salud y Bienestar, y ese es el tema en el que mejor estamos posicionados. Cuando descubrí que el 66% de las ONG's en México se dedican a proporcionar o facilitar el acceso a la salud, entendí el gran impacto que las organizaciones pueden llegar a tener. No es coincidencia que en el tema en el que mejor nos posiciona The Good Country sea el tema en el que más organizaciones trabajan, el tema en el que más personas que no se han rendido, están reunidas trabajando.

Ahora sabemos que todo su esfuerzo no ha sido en

vano. Ahí están los números que lo comprueban, y que nos demuestran que definitivamente el camino que tenemos que tomar para mejorar el país.

Participar en una asociación, fundación u organización gubernamental, se supone, que debería de ser más fácil que nunca antes. Tenemos muchas más herramientas que nos pueden ayudar a organizarnos mejor, como todas las plataformas de colaboración en línea.

Tenemos más herramientas que nunca antes. Como todas las plataformas digitales de colaboración. Y ahora cualquiera con un celular puede hacer una noticia o una injusticia viral. Hay que tomar ventaja y aprovechar lo que tenemos. Sobre todo, ahora que con un simple clic puedes alzar tu voz.

Si aún eres estudiante, qué mejor que una universidad para empezar. A fin de cuentas, es una universidad porque hay una gran diversidad de pensamientos. Empieza por tu carrera. Imagina todo lo que tu profesión puede hacer para mejorar el país. Te vas a sorprender con todas las posibilidades. Y aquí no hay excepciones. Necesitamos personas de cualquier área y localidad unidas. Y no se requiere más que una primera junta con tus vecinos para empezar a ponerse de acuerdo, enlistar los problemas que tienen en la colonia y empezar a buscar cómo se pueden resolver, con quién se pueden acercar, o a quién o cómo le pueden exigir. O si eres de los que quiere pasar al siguiente nivel, qué mejor que abrir tu propia organización con el tema que más te apasione resolver.

Esto es lo que tienes que saber sobre las organizaciones no gubernamentales y las fundaciones: la mayoría funciona con donativos. En 2015, se encontró que una de cada tres personas en el mundo, hizo un donativo a alguna causa social. Y una de cada cuatro, se inscribió como voluntario. Son buenos números. ¿Ves como no estarás solo si inicias alguna organización para trabajar por causa que te apasione?

Hay otra opción. También en el libro "Crear o Morir", escuché por primera vez el término "empresa social" y que conocí la historia de Muhammad Yunus. Ganó el Premio Nobel de la Paz después de fundar una empresa que otorga créditos a personas que son lo suficientemente pobres como para no poder calificar para un crédito bancario común y corriente. Todos le recomendaban no hacerlo. Le decían que no iba a recuperar el dinero que prestara y que perdería su inversión. Pero fue todo lo contrario.

El Comité Noruego del Nobel, quienes deciden a quien le dan el premio, expresaron que la paz no se puede lograr a menos que grandes grupos de personas logren buscar el camino por el cual salir de la pobreza. Por eso el Nobel a Muhammad. Porque a través de pequeños créditos logró crear un desarrollo económico y social desde abajo. Y no es mediante una fundación u organización que funciona a base de donativos. Es por medio de su empresa social, llamada Grameen Bank.

En la entrevista que le hizo Andrés Oppenheimer, primero explicó como el capitalismo se fue por un mal camino al dejar de resolver los problemas sociales. Y después dice que, por ejemplo, los empresarios, en lugar de hacer donaciones, "deberían crear, además de sus empresas con fines de lucro, empresas sociales, que son autosuficientes y mucho más sostenibles que las organizaciones no gubernamentales o filantrópicas que dependen de la caridad".

La diferencia principal entre una ONG y una empresa social es la manera en la que operan y obtienen recursos. Una empresa social resuelve un problema e impacta positivamente a la sociedad, pero también es rentable como negocio. Como cualquier otra empresa, muy probablemente necesite de una inversión al principio. Y no está mal querer recuperar esa inversión mientras las ganancias se destinen a todo lo que se requiera para cumplir con el propósito y misión de la empresa.

Esto no es lucrar con los problemas. Absolutamente todo lo contrario. Es resolverlos. Y tener una estructura totalmente autosuficiente, sostenible y rentable como para poder seguir haciéndolo de la mejor manera posible.

En Estados Unidos hay un sistema electoral diferente al nuestro. No siempre gana quien más votos tenga, como en la elección presidencial de 2016 cuando Hillary Clinton obtuvo la mayoría de los votos, con una diferencia de casi tres millones de votos más que Donald Trump, pero no ganó los puntos electorales de los estados. Es raro pensar que, aunque la mayoría de las personas vota por un candidato, no significa que éste tenga la victoria.

Aunque no vivo ahí, estuve muy al pendiente de esa elección y de muchas otras alrededor del mundo (¡hola Macron!). A final de cuentas, sí nos afecta lo que pase en el mundo y las decisiones que tomen sus líderes en temas como comercio exterior o migración. Ahora podemos verlo con la interminable pelea sobre quién pagará el muro que quiere Trump en la frontera con México, los aranceles impuestos a productos mexicanos, como el acero, y la fuga de inversiones extranjeras que estaban programadas para llegar a nuestro país. Y ni qué decir de los nuevos impuestos a las empresas estadounidenses que deseen producir aquí y no allá, la separación y el trato que le dan a las familias de migrantes en la frontera, y todo el pisoteo político que nos ha dado Trump, aún y en nuestro propio territorio.

El 8 de noviembre de 2016, tres días después de mi cumpleaños, estaba en una cena del trabajo. El alcalde había reconocido con un premio a algunos jóvenes destacados de la ciudad, y los habíamos invitado a cenar. Y la plática estaba centrada en una sola cosa: ¿quién iba a ganar las elecciones en Estados Unidos? Ese día, también habían sido las votaciones, y los resultados estaban empezando a salir poco a poco.

Cada cinco minutos, todos en la mesa revisábamos nuestros celulares esperando alguna noticia.

El New York Times publicó varios días antes, que había un 98% de probabilidad de que ganara Hillary Clinton según todas las encuestas y las estadísticas que ellos tenían. Y no solamente ellos aseguraban eso. Era raro ver algún pronóstico en el que no ganara ella. Por eso, y porque su campaña me había parecido una de las mejores en toda la historia, cuando Trump empezó a subir en el conteo de los puntos electorales, empecé a decirle a todos en la cena, y a mis amigos en WhatsApp, que no se preocuparan. Los resultados que estaban apareciendo, eran solamente los de los estados rojos, los estados republicanos.

Me quedé despierto toda la noche esperando los resultados finales. Ahí estaba, sentado en la cocina, a las dos de la madrugada, con mi computadora abierta con miles de pestañas de diferentes páginas de noticias, y hablando por teléfono con dos de mis mejores amigos que también estaban haciendo lo mismo.

Yo seguía seguro de que Hillary iba a ganar. Hasta que las matemáticas ya no me dieron, y los noticieros dieron como ganador a Donald Trump, que salió a aceptar la victoria con un discurso totalmente improvisado.

Al día siguiente desperté para ir a una de mis clases de negociación. Iba vestido de negro. Tal vez ahora suene como una exageración, pero ese día, en Twitter y en todas las noticias, vi muchos videos y publicaciones de niños llorando porque tenían miedo, musulmanes que no sabían si podían salir de sus casas, migrantes mexicanos sin entender lo que sucedería a partir de ahora, y en general, todo el mundo sorprendido y en shock porque un candidato con un discurso de división y odio había ganado la presidencia. Nadie sabía qué había pasado. Y muchas cosas cambiarían a partir de ahí.

Muchos le reclamaron al Gobierno de México que ellos mismos habían provocado que Trump ganara porque lo habían invitado y recibido como si fuera un jefe de estado aún y cuando éste aún estaba en campaña. Y peor, después de que ya había insultado a los mexicanos en varios de sus discursos.

Fue hasta abril de 2018, dos años después, que Enrique Peña Nieto envió un mensaje fuerte y claro al pisoteo que Trump nos había estado dando:

"Hay algo que, a todos, absolutamente a todos los mexicanos nos une y nos convoca: la certeza de que nada, ni nadie está por encima de la dignidad de México".

Fue la primera vez en su gobierno que estuve orgulloso de lo que había dicho. Estábamos en campaña, y los cinco candidatos a la presidencia lo respaldaron. Y el país entero también. Mi timeline en Facebook y en Twitter estaban llenos de publicaciones de amigos y conocidos compartiendo el mismo mensaje.

Eso es lo que hace un presidente: unirnos.

Pero en Estados Unidos, como podemos verlo a diario, el presidente hace lo contrario. Desde que inició su campaña, Trump le apostó a la división y al miedo. Y así ha sido su gobierno. No tenemos que buscar demasiado. Basta con ver como en sus primeros días de gobierno firmó la orden ejecutiva para bloquear la entrada a musulmanes, cómo empezó a separar familias migrantes y a encerrar a los niños en jaulas y cómo obliga a esos niños a ser sus propios abogados en los juicios.

Pero ahí, así como en muchos otros países, han estado poniendo increíblemente en práctica la frase que dice que, si no eres parte de la solución, eres parte del problema.

Trump ganó. Va a promover sus ideas y su agenda como pueda. Para eso lo eligieron sus votantes, y así es como funciona una democracia. Pero precisamente por eso, se necesitan contrapesos. Y esos contrapesos, están más fuertes que nunca.

Después de que pasó el shock, la tristeza, la negación, la desesperación y el enojo, empezaron a nacer organizaciones no gubernamentales increíbles, de diferentes temas y cada una con objetivos muy diferentes.

Entre mis favoritas está Run for Something. Me encanta tanto que siempre aparece por casualidad en todas mis pláticas. Esta organización se dedica a promover y reclutar millenials progresistas para que busquen un cargo público. Amanda Litman, la co-fundadora y directora, era parte de la campaña de Hillary Clinton en 2016. Ya te imaginarás la decepción que sintió cuando perdieron. Pero esa decepción logró transformarla en un proyecto que está cambiando la historia de su país. Varios meses después, mientras el presidente Trump estaba tomando protesta, el 21 de enero de 2017, ella estaba publicando el sitio web de su nueva organización y anunciándola por todos lados en redes sociales. En algunas entrevistas ha contado que no esperaba tener tanto éxito. Su meta era que se registraran cien personas interesadas en lanzarse por algún cargo público. Llevan más de diez mil.

Lanzarse por un cargo público es una tarea enorme. Sobre todo, para los que es la primera vez que lo hacen. Y una tarea con mucha responsabilidad. Esa organización, primero elige muy bien a los perfiles que van a apoyar para que sean los mejores y que cada vez que los ciudadanos vean que un candidato está respaldado por esa organización sea garantía. Y no los dejan solos. Los acompañan durante todo el camino. Los entrenan y les dan asesoramiento de todo tipo. Desde cómo crear sus propuestas, hasta cómo recaudar dinero y cómo lograr crear una base de apoyo ciudadano. Hasta ganar.

Solamente un año después, ya habían conseguido que ganaran el 50% de los candidatos que respaldaron. No puedo imaginarme lo que van a lograr en el largo plazo. Quién sabe. Quizás hasta respalden a alguien para lanzarse para presidente y gane.

Así como Run for Something, hay muchas más. La mayoría con personas de mi generación a cargo.

Latino Victory, para crecer el poder latino en el gobierno y la política estadounidense. The Arena, para entrenar y capacitar en temas de civismo a todas las personas. Indivisible, para combatir la agenda divisora de Trump. Color of Change, para hacer justicia racial. Y la lista sigue. En Twitter sigo a todas estas organizaciones. Y a sus fundadores. Me dan el shot de motivación y energía diaria. Aunque no es en nuestro país, me dan la confianza de que los jóvenes son quienes arreglaremos las cosas en el mundo. Y eso está por pasar en México también.

Otro de esos ejemplos es David Hogg, el estudiante de preparatoria que sobrevivió a uno de los horribles tiroteos en una de las escuelas de Florida. Ahora es uno de los más grandes activistas con el movimiento *"Never Again"* (Nunca Más). Su meta es lograr pasar una ley sobre el control de la venta de armas. No podría imaginarme lo que se sentiría estar en una de mis clases, y ver a alguien entrar con una pistola. Y que empiece a dispararle a mis compañeros de clase. David logró transformar la tristeza y la desesperación que sintió, a un movimiento. Ahora está haciendo historia. Y los mexicanos también podemos participar escribiendo la nuestra.

Tomemos esos ejemplos. Están justo en frente de nosotros. Y están funcionando. Apoyar a los liderazgos de las diferentes causas que vayan surgiendo es muy importante. Tenemos que empezar a unirnos. No a dividirnos.

Promovamos que participar haciendo un cambio, mediante la política, organizaciones no gubernamentales o mediante cualquier otra actividad, sea visto como algo honorable y positivo. Pensar lo contrario ha hecho que nos vayamos alejando de eso, cuando tendría que ser totalmente lo contrario. Participar en esto debería de ser como un segundo trabajo o una actividad extracurricular para todos. ¡Porque nos afecta a todos!

Ojalá que un día pueda ver en las noticias muchos reportajes sobre nuevas organizaciones mexicanas que estén cambiando la historia de México. Con jóvenes al frente. Convencidos de que cualquier pequeña acción puede cambiar el rumbo por el que vamos.

"El que no vive para servir, no sirve para vivir."

-

Madre Teresa de Calcuta

Nadie Más Que Tú

En prepa, un día, el director de la escuela me mandó llamar para platicar un rato en su oficina. Después de saludarnos y de preguntarme cómo iba todo, se levantó, caminó a su librero y sacó un libro de color negro. Eran las biografías de los presidentes de Estados Unidos y de algunos presidentes de México. Lo estuvo hojeando sin decir nada hasta que encontró lo que estaba buscando. Y empezó a leerme la historia de Abraham Lincoln.

A los 22 años, ya había fracasado en los negocios y estaba en completa bancarrota. Como le apasionaba la idea de resolver los problemas que estaban pasando en su país, se lanzó por un cargo público, pero perdió. Luego, se volvió a lanzar, pero volvió a perder. En total, fueron nueve intentos, sin éxito alguno. Su novia, con la que se iba a casar, falleció. Y luego de más situaciones adversas, la décima vez que se lanzó por un cargo público, ganó. Y esa elección que ganó, fue la de la presidencia. Y lo que logró a partir de ahí, fue historia.

En ese momento, estaba pasando por mi propio fracaso a los dieciséis años. Y el mensaje que el director trató de darme con la historia de Lincoln era claro: solamente nos queda intentar, intentar y volver a intentar. No hay otra manera de conseguir lo que más queremos más que trabajar, hasta que lo que parece imposible, se haga posible.

No nada más está la historia de Lincoln entre los que han logrado tener éxito luego de sobrevivir a grandes fracasos. Ahí tienes el caso de Oprah Winfrey cuando la despidieron por no ser buena conductora de tele en su primer trabajo. Y el caso de Steven Spielberg siendo rechazado dos veces por la Escuela de Artes Cinematográficas de la Universidad del Sur de California, Walt Disney, de chico, también siendo despedido por la falta de imaginación y buenas ideas, J.K. Rowling siendo rechazada por doce editoriales antes de que una aceptara publicar su libro, y Steve Jobs siendo despedido de su propia empresa.

Escuchamos y escuchamos historias, pero parece que ninguna, ni todas juntas, son suficientes para quitarnos el paradigma de que de que fracasar es malo. Aún le tenemos miedo. Y el miedo a fracasar, y el miedo al qué dirán, es lo que detiene a millones de personas de actuar y de cumplir sus sueños.

Es normal. Sentir miedo es uno de los instintos que los seres vivos tenemos por naturaleza. Por miles de años el ser humano ha logrado sobrevivir, en parte, por saber reconocer las situaciones de peligro. Por instinto, tratamos de evitar las situaciones en las que nos sentimos inseguros. Pero hay miedos racionales, como el miedo a caer a un acantilado, y miedos que nos detienen, como el miedo a que las cosas no salgan como las planeamos.

Esto tenemos que recordarlo siempre: nunca vamos a poder controlar todo lo que nos pasa en la vida. Lo único que podemos controlar, es cómo reaccionamos a todo eso que nos pasa. Y queramos o no, todos vamos a enfrentar fracasos y decepciones. Por eso es importante que hagamos todo lo que sea necesario para ser resilientes, es decir, levantarnos y recuperarnos sin importar lo que pase.

Esta es la segunda vez que cito a Eleanor Roosevelt, ahora con algo que dijo sobre cómo puedes aprender a recuperarte de los fracasos y de las decepciones:

"Obtienes fuerza, coraje y confianza con cada experiencia en la que realmente te paras a mirar el miedo a la cara y eres capaz de decirte a ti mismo: 'He vivido este horror, puedo tomar lo siguiente que viene'".

Y es importante recordarlo, porque cuando algo malo pasa en nuestras vidas, creemos que somos la única persona que está batallando y sentimos que no nos vamos a recuperar jamás. Pero de todo, podemos salir adelante.

En la película "La Dama de Hierro", aparte de que la

actuación de Meryl Streep es increíble, hay una frase que Margaret Thatcher dice justo cuando acaba de ser elegida la primera mujer en la historia del Reino Unido para ser primer ministro:

"Cuida tus pensamientos, porque se convertirán en tus palabras. Cuida tus palabras, porque se convertirán en tus actos. Cuida tus actos, porque se convertirán en tus hábitos. Y cuida tus hábitos, porque se convertirán en tu destino."

Esa frase se ha quedado conmigo desde entonces, porque me recuerda lo importante que puede llegar a ser un simple pensamiento y en todo lo que se puede convertir. Y ahora, me gusta cuidar todo lo que pienso y todo lo que escucho. Porque todo lo que tengas a tu alrededor, va a influir en cómo piensas, y como resultado, en quién eres. Entonces es importante hacerte estas preguntas: ¿A quiénes escuchas diariamente y sobre qué temas hablan? ¿En sus pláticas, te animan y te motivan, o te quitan energía y te hacen sentir que no puedes? ¿Qué tipo de películas ves y sobre qué temas lees? ¿Qué canciones te gustan y sobre qué hablan? ¿Y qué cuentas sigues en Instagram y en Twitter?

Si todo el día estuviera escuchando a personas que se quejan de todo lo que les pasa, a personas que solamente ven el lado malo de la vida, y a personas que no están dispuestas a servir a los demás, ni yo podría mantenerme positivo. Pero trato de rodearme de personas que son todo lo contrario, cuido la música que escucho, los videos que veo y los libros que leo.

En la película Tomorrowland repiten mucho un pequeño cuento que me encanta recordar:

Hay dos lobos en nuestro interior. Y siempre están peleando. Uno es la oscuridad y la desesperación. El otro es la luz y la esperanza. ¿Cuál de los dos lobos gana la pelea? El que tú alimentes.

También es muy importante que te hagas esta pregunta: ¿quiénes son tus ejemplos a seguir?

Yo tengo mi propia lista de personas a las que admiro. Tal vez con este libro puedas darte una idea de quiénes son. Me gusta escuchar sus discursos y estar al pendiente de qué es lo que hacen. Todos ellos tienen algo en común: salen adelante a pesar de los fracasos que han tenido, siguen poniéndose metas retadoras, y ayudan a los demás a hacerlo. De hecho, cada vez que me siento sin energía, o cuando me siento desmotivado, me gusta pensar qué es lo que harían ellos si estuvieran en mi lugar. A veces me imagino que están conmigo para darme ánimos y recordarme que la vida se trata de intentar, intentar y volver a intentar, una y otra vez.

Esto no significa que no sea realista. También me gusta ver las noticias de todo lo que está pasando en el mundo. A veces es muy desalentador. Y a veces parece que nunca se van a arreglar todos los problemas que tiene el país ni los problemas que tiene el mundo. Al igual que tú, he visto cosas que hacen parecer que jamás vamos a tener el México que todos queremos. Pero fue Denise Dresser la que escribió esto:

> *"Frente a todos los motivos para cerrar los ojos, están todos los motivos para abrirlos. Frente a las razones para perder la fe en México, están todas las razones para recuperarla".*

Nunca se me va a olvidar la foto del niño sin vida a la orilla del mar en Siria que se hizo viral en 2015. Fue un recordatorio de que el mundo no está bien.

Todavía en el siglo XXI, hay lugares en donde no se respetan los derechos humanos, hay guerras, desigualdad de género, hambre, pobreza y muchos otros problemas que solamente van creciendo, en lugar de ir reduciendo, como la contaminación ambiental y la crisis migratoria.

Es lo que es. Este es el mundo que heredamos. Y tenemos dos opciones: no preocuparnos, no hacer nada, y dejarlo tal como está, o empezar a actuar y construir el mundo como creemos que debería de ser.

Si estás convencido, como yo, de que tenemos que empezar a construir el mundo como pensamos que debería de ser, tenemos que apurarnos. ¿Te imaginas que, en el futuro, las próximas generaciones volteen a ver todo lo que estaba pasando y se pregunten cómo pudimos permitir que pasaran tantas injusticias y por qué no hacíamos nada ante ellas?

Hay una película sobre el científico que inventó la sustancia Zyklon B. El propósito era crear un producto para limpiar y desinfectar superficies. Pero terminó siendo utilizado para matar a un millón de personas en las cámaras de gas en Auschwitz. Cuando el científico se dio cuenta del uso que le estaban dando los Nazis a su invento, trató de hablar con sus amigos, con la iglesia y con cualquier autoridad de su país para tratar de detener lo que estaba pasando en los campos de concentración. Nadie le creía, o nadie le quería creer. Ahora sabemos que no se detuvieron. Y que nadie hizo nada.

Cuando estaba en esos mismos campos de concentración en Auschwitz, me pregunté muchas veces por qué la humanidad, en esa época, no detuvo todo lo que estaba pasando. Aún no existía la Organización de las Naciones Unidas, y tal vez las comunicaciones eran mucho más lentas que ahora. Pero cualquier persona con un poco de compasión y decencia hubiera notado que estaban ante una crisis moral y humanitaria.

La misma pregunta se puede hacer ahora. ¿Qué estamos haciendo para poner un alto a todas las injusticias de nuestra época?

Este ha sido uno de mis Tweets favoritos últimamente:

"El Holocausto era legal y las personas que daban refugio a los judíos eran criminales. La esclavitud era

legal y las personas que liberaban esclavos eran criminales. La segregación entre blancos y negros era legal y cualquiera que peleara o defendiera la igualdad era un criminal. Entonces el gobierno y las leyes no deberían de ser una guía para la decencia y la moralidad humana".

Estamos parados en los hombros de gigantes que lucharon contra las injusticias de su época para que hoy pudiéramos tener todas las libertades y derechos que ahora tenemos. Y no podemos detenernos. Es como una carrera de relevos. Cada uno de nosotros tiene que tomar la estafeta y seguir.

Hay datos muy interesantes en un estudio que hizo la empresa Western Union. Entrevistaron, en 2017, a más de diez mil jóvenes de entre veinte y treinta y seis años. Básicamente, entrevistaron a millenials. Entre las respuestas que obtuvieron, esta fue mi favorita: casi nueve de cada diez dijeron que querían participar o al menos opinar en temas futuros globales o de importancia nacional. Si es así, ya estamos del otro lado. Porque es cierto que necesitamos de las ideas de todos para poder empezar a solucionar los problemas actuales que tiene el mundo y empezar a actuar para detener las injusticias. Y me siento orgulloso que la mayoría de las personas de mi generación tenga algo que decir y hacer en la búsqueda de esas soluciones.

Pero algo no me cuadra. Porque está comprobado que

los millenials estamos entre el rango de edades de personas que menos van a votar cuando hay una elección. Y no nada más en México. Pasa en todo el mundo. No aprovechamos el hecho de que los jóvenes somos más de la mitad de la población, y que podemos decidir, literalmente, el rumbo de nuestra ciudad, de nuestro estado y de nuestro país, simplemente con el hecho de ir a votar.

Algunos días antes de las elecciones de medio término en Estados Unidos, a finales de 2018, Barack Obama publicó un video con todas las excusas que a veces escuchamos de personas que están dudando sobre ir a votar o no. A la mitad del video, dijo esto: "¿Dejarías que tu abuelita eligiera la playlist para tus fiestas?". Lo dijo de broma, pero su mensaje es muy cierto. Si no dejaríamos que alguien más elija nuestra playlist, algo muy simple en nuestras vidas, ¿por qué dejamos que otros tomen las decisiones sobre el futuro del país?

Otros resultados de ese mismo estudio de Western Union fueron preocupantes. Como el hecho de que ocho de cada diez jóvenes opinaron que el mundo está mucho más dividido ahora de lo que estaba en 2015. Y más de la mitad cree que estará mucho más dividido para el 2030. Solo hay que voltear a ver lo que está pasando en todo el mundo. En Estados Unidos ganó un candidato que estaba en contra de las minorías y que en campaña se encargó de hablar mal de cada una de ellas. En Escocia, el referéndum para seguir perteneciendo al Reino Unido ganó por muy poco. En Reino Unido, votaron por salirse de la Unión Europea. Y en el resto del mundo parece ser que los discursos de odio, división y paranoia se aumentan cada vez más.

No hace falta ir tan lejos. En México estamos generando división cada vez que alguien insulta a otra persona según sus creencias o preferencias. Tal vez comenzó como una broma. Pero ya no lo es. Cada que acusamos a alguien de ser parte de la mafia del poder, de ser fifí, pejezombie o un chairo, estamos poniendo etiquetas y dividiéndonos más de lo que ya estamos. A cualquiera le enojaría que lo calificaran despectivamente. Eso no es lo que el país necesita. Se supone que todas las ideologías políticas (en teoría) promueven el respeto y la diversidad. Y si alguien no puede convivir con personas que piensan diferente o si no puede escuchar ideas y opiniones distintas a las suyas, para empezar, no debería de tener un puesto público ni participar en el gobierno o en la política de un país. Porque la pluralidad de ideas es lo que hace funcionar a una democracia.

Lo que necesitamos más que nunca, son personas que nos unan para poder tomar las mejores decisiones. Es como en las empresas. A veces hay jefes que lo único que hacen es dividir a su propio equipo, y que solamente toman en cuenta su propia opinión y jamás escuchan a los demás. Pero también están los líderes que logran unir y aprovechar al máximo el potencial y la capacidad de las personas que están en su equipo, nadie es más importante que el otro, resuelven los problemas juntos y encuentran nuevas maneras de hacer las cosas más rápido y más eficiente.

A diario, podemos ser la diferencia entre lo que se promueve en nuestra comunidad, en nuestras redes sociales y en nuestras casas. Hay muchos mensajes de enojo y división, pero si todas las personas buenas, optimistas e incluyentes compartieran lo que piensan y lo que sienten, te sorprenderías de que son la mayoría.

Hay algo que me da esperanza. El 90% de los millenials entrevistados estuvieron de acuerdo en que un mejor futuro global se puede alcanzar mediante la colaboración entre individuos y naciones. En lugar de competir uno contra el otro, estamos dispuestos a trabajar en equipo para hacer que nos vaya mejor a todos, no solamente a unos cuantos.

El tiempo para empezar ese mejor futuro es ahora. Justamente así, colaborando. Imagínate que pudiéramos llegar a estar tan conectados entre todos. Y que, en lugar de ser ciudadanos de un país, pudiéramos ser ciudadanos del mundo.

Cuando estaba en Europa, visité la Catedral de San Esteban en Viena. Adentro había un largo espacio en donde los visitantes podían prender una vela, hacer una petición, y dejarla ahí encendida. Justo unos días antes, todo el mundo había visto como un camión había atropellado intencionalmente a los que estaban celebrando el Día de la Bastilla en Niza. Fallecieron casi noventa personas. Prendí una vela por ellos y por todas las personas que estaban sufriendo alguna injusticia. La dejé ahí, tomé una foto, y la publiqué con esta frase:

> *"El mundo necesita coraje, esperanza, fe y perseverancia."*

Ya pasaron varios años y sigo creyendo aún más en esa frase.

Desperté un 11 de diciembre después de años esperando que llegara ese día. Fue de esas veces que abres los ojos antes de que suene la alarma porque estás emocionado y al mismo tiempo nervioso por lo que pasará ese día. Vi la hora y me metí a bañar. Ya tenía preparado mi traje, mi corbata azul y mis zapatos. Me afeité, me peiné, me puse "Seoul", mi loción favorita, y justo cuando ya tenía que salir, en el último minuto, me cambié la corbata por una de color negro. El azul es mi favorito, pero éste era un día importante y serio.

Antes de salir de la casa, abrí la libreta negra que siempre me ha acompañado en mis días importantes. Puedes decir que soy un sentimentalista, pero desde hace varios años había escrito una pequeña nota para mí mismo, justo para leer ese día.

Alfonso:
¡Felicidades! Después de todo, lo lograste. Sé que probablemente estés sintiendo y pensando muchas cosas. Y tal vez tengas miedo o estés preocupado por el futuro y por todo lo que sigue. Pero esto es lo más importante que tienes que saber hoy: nunca olvides

que si quieres tener éxito en la vida, tienes que encontrar la manera de servir a más personas.

Me subí al carro, puse mi playlist favorita, y manejé por última vez a mi universidad. En el camino, me quedé pensando en esa nota que escribí hace varios años.

Servir, al igual que ser amable, a veces es visto como una debilidad. Pero no hay sustituto para eso. Y cada vez más, me he podido dar cuenta que los hombres y mujeres que sirven y que son amables, son los más fuertes. Además, es de lo que el mundo más necesita. Simplemente con salir a las calles o incluso al abrir los comentarios de alguna publicación, te puedes dar cuenta de todo el odio y pesimismo que hay en las personas. Así que me alegro de que ese haya sido el mensaje que dejó mi yo de antes, para el yo de ahora.

Y la buena noticia es que cualquier persona puede servir a los demás. No es tan difícil. Y aplica para todo.

No acostumbro leer poemas. A algunos no les entiendo. Pero tengo mi favorito. Pensándolo bien, es el único que me gusta. Se llama "El placer de servir". Y fue escrito por Gabriela Mistral, la primera persona de origen latinoamericano en obtener un Premio Nobel de literatura. Cuando supe eso, este poema me gustó aún más:

Toda naturaleza es un anhelo de servicio.
Sirve la nube, sirve el viento, sirve el surco.

Donde haya un árbol que plantar, plántalo tú;
Donde haya un error que enmendar, enmiéndalo tú;
Donde haya un esfuerzo que todos esquivan, acéptalo tú.
Sé el que aparta la piedra del camino, el odio entre los corazones y las dificultades del problema.

Hay una alegría del ser sano y la de ser justo, pero hay, sobre todo, la hermosa, la inmensa alegría de servir.
Qué triste sería el mundo si todo estuviera hecho,
si no hubiera un rosal que plantar, una empresa que emprender.

Que no te llamen solamente los trabajos fáciles
¡Es tan bello hacer lo que otros esquivan!
Pero no caigas en el error de que solo se hace mérito con los grandes trabajos; hay pequeños servicios que son buenos servicios: ordenar una mesa, ordenar unos libros, peinar una niña.
Aquel que critica, éste es el que destruye,
tú sé el que sirve.

El servir no es faena de seres inferiores.
Dios que da el fruto y la luz, sirve.
Pudiera llamarse así: "El que Sirve".
Y tiene sus ojos fijos en nuestras manos y nos pregunta cada día: ¿Serviste hoy? ¿A quién?
¿Al árbol, a tu amigo, a tu madre?

Siempre habrá mucho trabajo por hacer, cosas por cambiar, y causas por las que luchar. Si piensas que alguien debería de arreglar el mundo, no hay nadie mejor que tú para hacerlo. De eso se trata servir. Entre más personas lo hagan, mejor nos va a ir a todos. Y no tienes que abrir una fundación o hacer un donativo millonario para sentir que estás sirviendo. Como pone de ejemplo el poema, puedes servir incluso con la más pequeña acción en las cosas que forman parte de tu vida diaria.

Y ahora que todo lo veo en retrospectiva, servir, fue lo que hice durante esos años que fui un estudiante universitario.

Me inscribí a una carrera profesional pensando en que tenía mucho por aprender para poder arreglar el mundo. Cuando abrí mi propio grupo estudiantil, que se llamaba Voz Joven, lo hice seguro de que los jóvenes teníamos mucho que decir y mucho que hacer para cambiar el país. Y cada uno de los eventos y actividades que hicimos, y cada causa que promovimos, lo hacíamos en equipo conscientes de que, si convencíamos, aunque sea a una persona de hacer el bien, ya habríamos cumplido con nuestra misión. Luego, entré a mi primer trabajo de tiempo completo, en donde tuve la oportunidad de servir para lograr un bien mucho más grande del que había podido hacer antes. En equipo, logramos que nuestra ciudad llegara a ser calificada como la segunda mejor ciudad para vivir en todo el país. Cuando me fui de intercambio, lo hice con los ojos bien abiertos para ver qué es lo que esos países están haciendo para crecer y para ser mejores, seguro de que podríamos aplicar todas esas cosas también en México. Y así, en cada uno de mis proyectos, y en cada uno de mis planes, lo que siempre me ha dado energía, es pensar en que puedo servir. Y es lo que siempre lo hará.

Ahora, nadie puede reclamarme de que no traté de cambiar las cosas. De una u otra forma, todo lo que está en este libro fueron mis intentos de hacer que mi universidad, mi ciudad y mi país mejoraran. Y aunque me metí en miles de problemas tratando de hacerlo, aquí sigo vivo. Un poco de estrés y trabajo duro nunca han matado a nadie.

Cuando llegué a mi universidad, no pude evitar sentir nostalgia luego de tantos años que pasé ahí, caminando por los pasillos entre los salones, atravesando los jardines y visitando la biblioteca. Pasé días y noches enteros ahí, literalmente, a veces estudiando o haciendo tarea, y otras veces planeando proyectos en los que creía con todo mi ser.

Ver mi universidad, ese día, llena de personas que, como yo, estaban cumpliendo una meta más, me hizo sentir aún más optimista del futuro que nos espera y que tenemos que construir juntos.

Primero, hubo un desayuno para todos los que nos graduábamos. En mi mesa, estábamos todos los de Negocios Internacionales. Luego de pasar tantos años juntos en las mismas clases, tal vez esa era la última vez que estábamos todos reunidos.

Después, fuimos al auditorio para la ceremonia oficial de graduación. Por fin estaba ahí, en el momento con el que todo estudiante sueña.

Pasaron muchas cosas mientras estudiaba mi carrera. Muchos éxitos y muchos fracasos. Y demasiadas lecciones que se quedan conmigo para el resto de mi vida, buenas y malas. Pero todas esas lecciones, absolutamente todas, valieron increíblemente la pena. Ahora soy quien soy gracias a todas ellas. Y también, gracias a todas esas lecciones, estoy más preparado que antes para afrontar cualquier cosa que se necesaria para cumplir mis metas.

Aprendí como loco. Y estoy agradecido con todos mis maestros que lo hicieron posible. También para ellos era difícil aguantar a alguien que siempre tenía una opinión que dar y miles de cosas por hacer, aparte de sus clases.

Y aunque no terminé con el promedio perfecto de 100 que hubiera querido, cuando presenté el examen nacional CENEVAL de temas de toda la carrera, saqué Sobresaliente. Fue como un recordatorio para mí mismo de que me encanta y me apasiona la carrera que elegí. Y de que cuando me propongo algo, y me enfoco, lo puedo lograr.

Cuando mencionaron mi nombre, pasé al frente, apreté las manos de algunas autoridades que estaban ahí, y recogí mi título. Justo en ese momento, se cerró una etapa muy importante en mi vida, la mejor hasta ahora.

Al final, abracé a mis papás y a mis abuelos. Todos estaban ahí. Habían estado esperando ese día más que yo. Oficialmente fui el primer nieto graduándose de universidad.

Me tomé fotos con algunos de mis maestros favoritos y con mis amigos. Ya no los iba a ver a diario, como estaba acostumbrado. Ahora cada quien seguiría su propio camino. Pero eso es lo bonito de conocer personas: cada una de ellas está en este mundo para lograr diferentes cosas, en diferentes lugares. Si todos viniéramos para hacer lo mismo, sería muy aburrido. Y eso es lo que hace que el mundo sea tan especial: que cada uno de nosotros tiene su propia historia, muy diferente a la de los demás.

En la noche, luego de festejar ese día tan especial e importante, y cuando pude encontrar tiempo y espacio para mí solo, volvió a aparecer la pregunta que había estado haciendo por meses: ¿Y ahora qué?

La respuesta fue fácil.

Seguir adelante. Servir. Ser amable. Tratar de hacer el bien todo el tiempo. Y tratar de cambiar México.

Agradecimientos

Dediqué este libro a todas las personas decididas a hacer de este mundo un lugar mejor. Y si has llegado hasta aquí, ahora sé que eres una de ellas. Gracias.

Soy uno de los convencidos de que nadie puede solo en la vida. Y este libro es una gran prueba. Gracias a mi mamá y a mi tía Lourdes que leyeron más rápido de lo que pensé que cualquier persona podría hacerlo, para ayudarme a que este libro quedara de la mejor manera posible.

Durante todo este tiempo, he recibido los mejores consejos. Sobre todo, de Sergio y de Manuel que siempre han estado ahí, emocionándose junto conmigo y apoyándome en cada uno de los proyectos que he tenido. Escucharon primero que los demás la idea de este libro, y me dijeron que definitivamente había que escribirlo.

Gracias también a todas las personas que vivieron

muchas de las aventuras y experiencias de este libro junto conmigo. Sin ustedes, esta historia hubiera sido totalmente diferente. Y aunque primero traté de incluir todos los nombres, al final me di cuenta de que eran demasiados. Pero ustedes saben quiénes son. Y por cada uno del momento que hemos pasado juntos, estoy completamente agradecido.

Y, por último, gracias a toda mi familia entera. Ustedes hacen que todo sea mejor.

¡Sígueme en mis redes sociales! Este libro fue solo el comienzo de algo mucho más grande.

Instagram @aguirrealfonso

Twitter @aguirrealfonso

Facebook.com/aguirrealfonso

Made in the USA
Coppell, TX
21 February 2021